AF611996

Guatemala: violencia sexual y genocidio

Victoria Sanford
con Kathleen Dill y Sofía Duyos

Victoria Sanford
con Kathleen Dill y Sofía Duyos

GUATEMALA: VIOLENCIA SEXUAL Y GENOCIDIO

TRADUCCIÓN POR
BERTHA HURTADO-KOODRIN

Guatemala: violencia sexual y genocidio
Victoria Sanford
con Kathleen Dill y Sofía Duyos
Traducción por Bertha Hurtado-Koodrin

Diseño de portada: F&G Editores
Imagen de portada: Ulf Aneer

Impreso en Guatemala
Printed in Guatemala

F&G Editores
31 avenida "C" 5-54, zona 7
Colonia Centro América
Guatemala, Guatemala
Teléfonos: (502) 2292 3792 – (502) 5406 0909
informacion@fygeditores.com
www.fygeditores.com

ISBN: 978-9929-700-68-0

Guatemala, agosto de 2020

Contenido

Prólogo

Carolina Escobar Sarti

Si tratáramos de leer este libro como si fuera una obra de arte, quizás lo compararíamos con un tríptico al mejor estilo de las pinturas sobre la guerra, realizadas por el pintor español Francisco de Goya, en las cuales el horror se muestra desnudo y lacerante. En *Violencia sexual y genocidio*, los cuerpos asustados, masacrados, atemorizados, torturados y violados definen la intersección de una trama de sentido que se inscribe en un *continuum* de violencia. Es precisamente en esos cuerpos físicos, emocionales, mentales y espirituales, donde se grabaron las etapas más dolorosas y sangrientas de nuestra historia. Y sólo desde allí, desde sus osamentas, desde su carne torturada, desde su sangre, desde sus ojos que todo lo vieron, desde sus relatos y correlatos, es que puede reescribirse y resignificarse nuestra historia.

La primera parte de este tríptico, habla sobre la Masacre de Acul, en Nebaj. Los testimonios de las mujeres y hombres ixiles sobrevivientes de aquella masacre cometida por el ejército de Guatemala en

1981, van trenzándose con una rigurosa investigación realizada por Victoria Sanford, que se ha dedicado en los últimos años a estudiar el genocidio, el femicidio y la violencia sexual padecida en Guatemala durante la guerra. Es este capítulo el que nos permite comprender a profundidad las expresiones que hemos escuchado tantas veces en las voces de mujeres y hombres que vivieron de cerca la violencia de la guerra, cuando expresan cosas como: "la tristeza se me puso en el cuerpo".

Y es que el genocidio en Guatemala, como práctica social sostenida, tuvo en las masacres su punto más álgido, pero revela en esencia un proceso continuo que toca nuestro presente, y que ha sido construido a partir del miedo, la violencia, el silencio y la impunidad. "Teníamos que entender cómo era la vida antes y después de la masacre", señalan las autoras en el primer capítulo. A partir de allí reconstruyen, desde diversos testimonios y fuentes documentales, una realidad que comienza a delinearse entre 1976 y 1977, cuando los habitantes de Nebaj notan la expansión de las tropas militares en su territorio. En aquel momento, "la violencia de la guerrilla y el ejército parecía muy lejana a la vida cotidiana de los ixiles de Acul". Fue entonces cuando, en una emboscada guerrillera realizada en el camino de Chemala a Nebaj en 1980, mueren varios soldados. A partir de entonces, el aire de Acul se enrarece y jamás ese lugar vuelve a ser el mismo. Día a día, crece la cantidad de muertes violentas por arma de fuego, estrangulación, apuñalamientos y golpes, hasta la masacre del 16 de abril de 1981, cuando el ejército asesina a 65 ixiles, de los cuales 34 eran niños y niñas, 5 adolescentes, 23 adultos y 2 ancianos.

Imposible renombrar el horror relatado por las personas sobrevivientes de aquella masacre, que luego se vieron forzadas a huir a las montañas cercanas, al compás de las aldeas quemadas, las fuentes de comida destruidas, los escasos alimentos compartidos con guerrilleros, la organización en patrullas denominadas de autodefensa civil, los balazos de la tropa y los bombardeos aéreos. Todo, en un marco de control sobre la población civil, tanto de parte del ejército como de la guerrilla, que mantenía en permanente tensión y angustia a los sobrevivientes. Según las investigaciones realizadas, un 30 por ciento de quienes huyeron a las montañas murieron en ellas. Sin embargo, en 1983, el hambre obliga al resto a buscar el apoyo del ejército, localizado en Nebaj. Allí, en los archivos municipales, está la evidencia de la violencia ejercida contra esas poblaciones reorganizadas bajo una estricta vigilancia militar. Los hombres fueron obligados a patrullar, a realizar trabajos extenuantes o sometidos a torturas y castigos que invariablemente llevaron a muchos de ellos a la muerte, mientras que las mujeres fueron requeridas para servir al ejército, y luego muchas de ellas fueron violadas por grupos de soldados que las llevaban a la base, para terminar lanzando sus cuerpos al río. Sus casas no fueron reconstruidas como eran antes de la masacre, les habían despojado de sus tierras, y el ejército decidió cómo y dónde localizar a cada persona. Acul fue una de las primeras "aldeas modelo" construidas bajo el mando del ejército, como parte de su estrategia de "polos de desarrollo", pero sus patrulleros fueron de los últimos en desarmarse. Diez y seis años después de la masacre, la Fundación de Antropología Forense en Guatemala (FAFG) realizó una investigación sobre el caso que llevó a una posterior exhumación de los huesos. Todas las osamentas hablaron de tristeza, dolor y memoria silenciada.

En el segundo capítulo, se habla de la violencia sexual como arma genocida. Hay allí un trazo muy claro entre el pasado y el presente. Las autoras parten de la sentencia dictada por la jueza Yassmin Barrios contra Efraín Ríos Montt, cuando es declarado culpable de genocidio y crímenes de lesa humanidad, el 10 de mayo del 2013. Este punto de partida define una intención, y es la de sacar del ámbito del "secreto público" dos temas fundamentales: el del genocidio y el de la violencia sexual organizada por el Estado. Durante ese juicio un tribunal guatemalteco reconoce, por primera vez, la violación y la tortura sistemática de las mujeres ixiles, sometidas durante el régimen genocida de Ríos Montt.

Se acude a los informes de la Comisión para el Esclarecimiento Histórico (CEH) y al *Nunca más* de la Iglesia católica (REMHI), para evidenciar que el ejército organizó sistemáticamente la violencia sexual como arma de contrainsurgencia. Es en este capítulo donde los testimonios de las mujeres dan cuenta de manos y pies atados, de trapos en la boca y cuerpos de soldados sobre los suyos hasta perder el conocimiento. Es aquí donde se habla de cuerpos sangrantes que no podían luego ni ponerse de pie. Es en este capítulo donde se nombran las consecuencias físicas, mentales y emocionales de las violaciones en sus cuerpos, desde embarazos forzados hasta enfermedades de transmisión sexual, además del estigma social que conlleva la violación sexual.

Y es en esta parte donde se descarta la teoría, ya en desuso, de que en la guerra todo se vale. Ninguna circunstancia extraordinaria, ni siquiera una guerra, justifica las violaciones en los cuerpos de niñas, adolescentes y mujeres. Las autoras afirman que la violencia sexual inscrita en los cuerpos de las mujeres durante la guerra que se vivió en Guatemala, no fue una simple consecuencia, sino parte de una estrategia de guerra bien planificada, lo cual suscribo.

Aunque Ríos Montt haya dicho al final del juicio por genocidio: "Yo nunca autoricé, yo nunca propuse, yo nunca ordené actos contra ningún grupo étnico o religioso" (Burt, 2013), hay una clara responsabilidad tanto desde su rol administrativo, como desde su rol de presidente *de facto* y primer eslabón en la cadena de mando que define a una institución de corte vertical, como el ejército.

Las autoras acuden a la figura del "enemigo interno", definido desde los tiempos de la Doctrina de Seguridad Nacional establecida por Estados Unidos en la era anticomunista de la Guerra Fría, para caracterizar a las víctimas de la guerra en Guatemala: "Una vez que las fuerzas de seguridad habían destruido la disidencia de las bases sociales en la ciudad y asesinado a los líderes de las comunidades rurales, la máquina de guerra establece su atención en las comunidades mayas". Algo que no fue ajeno a un país de corte patriarcal y racista, donde la exclusión de las poblaciones indígenas y las mujeres, ha sido un problema de larga data. Es en este caldo de cultivo donde la *población* se convierte en enemiga y las mujeres indígenas en objetivos primarios de la violencia sexual, con el fin de desestabilizar y destruir poblaciones enteras. Si ellas son consideradas las reproductoras biológicas e ideológicas de una sociedad, es en sus cuerpos donde puede destruirse esa sociedad y, de paso, vengarse del enemigo.

Para probar que la violación fue un arma de guerra y genocidio en Guatemala, las autoras aportan suficientes elementos para definir que los planes militares incluían el "descanso y la recreación" de los soldados, y que estos a su vez contemplaban el "contacto con el sexo femenino". Este "entrenamiento" comenzaba con prostitutas que también fueron esclavizadas sexualmente; primero eran violadas por el teniente, para pasar luego por el resto de soldados que podían violarlas hasta diez veces cada uno, incluso durante toda una semana. Así, para un mejor control de los soldados, se normalizó la violación sexual en los cuerpos de miles de mujeres que no sólo eran ultrajadas en las poblaciones durante las masacres, sino en los de aquellas que fueron llevadas a las bases y destacamentos donde los militares se encontraban. Bajo las funciones "tradicionales" asignadas a las mujeres (como llevar alimentos y lavar la ropa de la tropa), se escondía una perversa esclavitud sexual ejercida por los soldados. Hoy, bajo nuestras leyes, esto sería considerado entre muchas cosas más, un delito por trata de personas.

Llama la atención cómo las autoras refieren que la CEH se queda corta en retratar la violencia sexual durante la guerra, y hasta es vaga en reportarla, usando el término "dar pase" en lugar de violación. Según ellas, la CEH falla en identificar la magnitud de la violencia sexual en contra de las mujeres durante la guerra y la impunidad absoluta en la que operaba el ejército. Sin embargo, aporta datos fundamentales para iniciar investigaciones más profundas como las que realizan Sanford y sus colegas.

Uno de los testimonios más crudos de este libro, es el de un ex oficial de la G2, relatado a los investigadores del REMHI: "Vamos, ¿no quieres agarrar culo?"

Pensé "Wow, ¿así nomás?" Uno de ellos me dijo, "Hay algunas chicas y las estamos cogiendo". Yo respondí, "Ya veremos". Había solamente dos muchachas. Ellas eran prisioneras. Los hombres dijeron que eran guerrilleras, ¿verdad? Y luego ellos las violaron masivamente. Cuando yo llegué, recuerdo una línea de 35 soldados o más esperando su turno. Ellos primero las rodeaban y luego las violaban. Uno se iba y otro *entraba* [énfasis del autor]. Luego ese soldado se iba y otro *entraba* [énfasis del autor]. Yo calculo que esas pobres mujeres fueron violadas por 300 soldados o quizá más. El sargento Soto García las capturó. Él era un mal hombre. Él quería cualquier mujer que encontraba y le gustaba violarlas porque sabía que igual las íbamos a matar (REMHI, vol. 3: 212-213). Los soldados que tenían gonorrea o sífilis podían también violarlas, pero de último, luego de todos los demás.

El testimonio anterior no merece más comentarios, y se suma a los cientos de otros testimonios que hablan sobre cuerpos de mujeres mutilados, cortados y ultrajados, así como de fetos extraídos de sus vientres. Incluso hay testimonios que hablan sobre ancianas asesinadas de "manera salvaje e incomprensible". Jean Franco concluye que "tal ferocidad puede ser solamente explicada en base a que las mujeres representaban una poderosa amenaza".

Fue un secreto a voces, durante y después de la guerra, que el ejército cometía violaciones contra las mujeres de manera sistemática. Pero nadie se atrevía a decirlo, porque eso significaría la propia muerte. Y fue justamente ese marco de impunidad y silencio el que favoreció la gestación y crecimiento de una espiral de odio practicada, principalmente, en los cuerpos de mujeres indígenas de todo el país. El poder en manos de un mestizo (Ríos Montt) que dirigió la fuerza de su ejército principalmente para acabar con poblaciones indígenas, se sumó a la ideología patriarcal prevaleciente en nuestra sociedad, desde la cual muchas mujeres eran (y son) consideradas una "propiedad" del hombre. Combinación perfecta.

Y si aún nos quedara duda de que la violencia sexual en los cuerpos de las mujeres no fue parte de una estrategia diseñada específicamente por el ejército, vale la pena acudir a los datos de Michelle Leiby, citados aquí: a pesar de que la guerra en Guatemala terminó hasta 1996, sólo un 11 por ciento de las violaciones ocurrieron después de 1984. Esto prueba que en nuestro país la violación sexual fue un instrumento explícito de represión, aplicado indiscriminadamente durante la guerra, sobre todo en poblaciones indígenas, con un fin ejemplarizante. El miedo fue siempre el recurso para sostener este estado de cosas.

El genocidio guatemalteco no fue la obra de un solo hombre, de un partido de gobierno o de un ejército, sino la práctica de un Estado represor bien organizado, integrado por personas diversas, entrenadas para cumplir distintas tareas durante la guerra. Desde soldados hasta médicos, y otros profesionales de distintas disciplinas, fueron entrenados o llamados a participar en el genocidio de manera directa o indirecta. Sin embargo, al hablar del genocidio como un hecho de Estado, hay una cadena de mando que nos lleva claramente a identificar una responsabilidad mayor en el hombre que tenía en sus manos la conducción de ese Estado durante la etapa más dura de la guerra: Efraín Ríos Montt. Esto nos lleva a la tercera parte de este tríptico, donde se habla de la *Responsabilidad de mando* y del genocidio como plan militar del Ejército de Guatemala bajo las dictaduras de los generales Lucas García, Ríos Montt y Mejía Víctores.

Las prácticas de tortura, detenciones arbitrarias, ejecuciones extrajudiciales y graves violaciones a derechos humanos, sostuvieron un mismo patrón desde el gobierno de Lucas hasta el de Mejía Víctores, pero se aceleraron e institucionalizaron en la cúspide del genocidio, bajo el mando del general Efraín Ríos Montt. De marzo de 1982 a agosto de 1983, Ríos Montt tuvo el control total de las fuerzas armadas. Era el máximo poder del ejército, de la fuerza área, la fuerza naval, la policía nacional, las unidades paramilitares, las patrullas de autodefensa civil (PAC) y hasta de sus estructuras clandestinas. Documentos de la Agencia Central de Inteligencia de Estados Unidos (CIA) así lo demuestran. Hubo un elemento común a los tres gobiernos, un hilo conductor: la presencia del general Mario López Fuentes, como subjefe y jefe del Estado Mayor de la Defensa Nacional, ligado a proceso por genocidio y crímenes de lesa humanidad desde el 2011, y quien muriera sin que el proceso llegara a sentencia firme en el año 2015.

No es posible que en medio de una guerra, un hombre con tanto poder como Ríos Montt, no supiera del todo lo que hacía su ejército. En cambio, su justificación para cometer las más graves violaciones a derechos humanos, fue la existencia de la guerrilla y el comunismo. Tanto la existencia de la guerrilla como un contexto de Guerra Fría fueron hechos concretos, es cierto, pero él pudo haber evitado muchos de los desmanes y de la brutalidad cometidos por su ejército en su afán de destrucción casi total de las comunidades indígenas.

Su carrera militar muestra que tenía el entrenamiento suficiente en todos los aspectos de la guerra, que tenía también la experiencia práctica de la guerra, y que comprendía profundamente la estructura del Ejército de Guatemala y la importancia estratégica de su figura en ese contexto. Un documento desclasificado del Ejército de Estados Unidos señala, además, que había visitado las instalaciones militares en la Zona del Canal y en los mismos Estados Unidos, y un comentario de agosto de 1972 de la misma fuente lo señala como un "nacionalista" que "expresa una política de línea dura", dispuesto a apoyar "una intervención militar contra facciones izquierdistas" para "lograr los objetivos nacionales". Tenía la teoría, la práctica, el entrenamiento y las ideas que, en cualquier parte del mundo, alimentarían una guerra. Nada era nuevo para él, menos la idea de una intervención militar. "De hecho, en mayo de 1973, menos de un año después de este informe, Ríos Montt encabezó la masacre de Sansirisay", revelan las autoras.

De allí en adelante, otros documentos desclasificados dejan constancia de que el día del golpe (23 de marzo de 1982), Ríos Montt acepta integrar la Junta de gobierno provisional, habiendo aceptado antes (a Estados Unidos) dirigir esa Junta. También queda constancia en varios documentos sobre el control total del ejército por parte de Ríos Montt, del restablecimiento inmediato del principio de la jerarquía militar, de la percepción que tenían de él los oficiales "junior", y de que todo aparentaba ser "el espectáculo de un solo hombre" que amaba el poder. Incluso se relata en esos documentos sobre cómo Ríos Montt se reúne con los partidos políticos para formular una nueva ley electoral y de partidos políticos, en una maniobra maquiavélica, ya que él no creía que ellos estuvieran de acuerdo. Cosas como éstas permiten afirmar que era el "jefe de Estado *de jure* y *de facto*".

De allí en adelante vinieron sus declaraciones a la cineasta Pamela Yates ("El ejército está listo y capaz para actuar porque si no puedo controlar el ejército entonces, ¿qué estoy haciendo aquí?"), la consolidación de su poder, la imposición de estados de excepción en varios departamentos del occidente del país, hasta su declaración del 18 de agosto de 1982 a un grupo de ocho políticos: "Declaramos estado de sitio para poder matar legalmente". Las tropas fueron instruidas específicamente para destruir pueblos y aldeas, se ejecutó la orden de *Quitarle el agua al pez*, y lo demás es historia.

Otros documentos desclasificados de la CIA indican que el alto mando del Ejército de Guatemala y la misma CIA, sabían que ese ejército estaba llevando a cabo una destrucción estratégicamente planificada de poblaciones enteras principalmente indígenas, así como la quema de aldeas y cosechas, obligando desplazamientos forzados de sobrevivientes civiles, y violando mujeres de todas las edades. Una prensa silenciada o cómplice en el país, ofreció estimaciones y opiniones conservadoras sobre los hechos de violencia que se estaban dando en el interior del país.

Fundamental para ayudar a armar este rompecabezas y determinar la responsabilidad de mando de Ríos Montt, resulta el trabajo del periodista Jon Lee Anderson, quien visita el país a finales de 1982. Por medio de un salvoconducto otorgado por el mismo Ríos Montt, Anderson se convierte en testigo de una realidad que –en sus palabras– lo horroriza. Anderson habla "De un enorme aparato de terror". Ropa ensangrentada de mujeres, juguetes de niños quemados, interminables retenes de soldados analfabetas a lo largo del camino, armas de fuego por todas partes, indígenas "arreados" o torturados por soldados, silencios infinitos, traumas de guerra en los rostros impávidos de las víctimas. Todo queda en la memoria celular de Anderson, incluso la noche en la que a él y otros colegas los detienen hombres fuertemente armados que se bajan de un Jeep Cherokee, hombres que "no eran soldados y no eran indios". Él recuerda haberles entregado el salvoconducto, y también recuerda que gracias a ello, los dejan ir. Así el tamaño del poder de Ríos Montt. La estructura vertical de mando va perfilándose en varios casos más presentados en este libro, a través de la información que aportan innumerables documentos desclasificados, testimonios y trabajos periodísticos de la época.

Ríos Montt tenía un poder casi absoluto y no cumplió con su responsabilidad de prohibir, prevenir y castigar los abusos de derechos humanos y el genocidio. Tampoco queda evidencia alguna de audiencias militares en tribunales militares para dirimir responsabilidades de oficiales y soldados en crímenes de lesa humanidad. Por el contrario, Ríos Montt le abrió la puerta a un genocidio que se cuenta en "626 masacres cometidas por las fuerzas del Estado, principalmente el Ejército, apoyado en muchos casos por estructuras paramilitares tales como las PAC y los comisionados militares".

El genocidio como práctica pactada en nuestro país, buscó una transformación total de las identidades que habitaron un territorio, y una reconfiguración de las relaciones sociales. Todo cambió en Guatemala después del genocidio o, mejor dicho, nada volvió a ser lo mismo. Y es aquí donde recupero las voces de los hombres y las mujeres ixiles que abrieron este libro, para abrazar la ruta de la justicia y cerrar determinando las responsabilidades por el horror vivido. Son sus voces las que despiertan la memoria de sus cuerpos para convertirse en relatos, las que han sido y seguirán siendo escuchadas en todos los lugares donde la justicia espera hacerse cada vez más justa.

Desde allí, recupero la fuerza de este trabajo autoral que aporta elementos importantes para comenzar a escribir un capítulo distinto de la historia de Guatemala. Uno que aporte luz a las tinieblas del pasado y salga al encuentro de esa esperanza renacida durante el 2015 en nuestras plazas, calles, casas, tribunales, escuelas y lugares de trabajo. Un capítulo que dé un paso fuera de las investigaciones académicas para tocar las vidas de las nuevas generaciones que se asoman a la esperanza. Uno que sepa reconocer que el genocidio no termina, sino que comienza con las masacres y asesinatos que se dieron durante la guerra que se vivió en Guatemala. Porque el genocidio es una práctica no una casualidad, y queda grabado en nuestra memoria celular, hasta que la vida lo abraza.

La masacre de Acul, Nebaj

¿Qué va a pensar nuestro presidente cuando sabe que el ejército nos mató y después quemaba nuestras casas? Por favor hay que decirle lo que pasó aquí.

Viuda (masacre de Acul)

En diciembre de 1997, la Fundación de Antropología Forense de Guatemala (FAFG) conducía una investigación sobre el cementerio clandestino de víctimas civiles de la masacre de Acul cometida por el ejército de Guatemala en abril de 1981. Además de la excavación del cementerio clandestino que tenía las osamentas de las víctimas que fueron enterradas en masa, la FAFG también realizaba una extensa investigación de los archivos municipales de Nebaj, hizo entrevistas y tomó testimonios de testigos y sobrevivientes de la masacre.[1]

Como ha sido en otras 36 investigaciones hechas por la FAFG, aprendimos que para comprender la masacre y su impacto en los residentes de Acul, teníamos que entender cómo era la vida antes y después de la

1. Esta investigación fue hecha para la Comisión para el Esclarecimiento Histórico (CEH 1999, FAFG 2000). También ver Sanford, Victoria. 2003. *Buried Secrets: Truth and Human Rights in Guatemala* (New York: Palgrave MacMillan).

masacre. La verdad de la masacre de Acul no es simplemente el recuento del evento violento, mas bien es el aumento cada vez mayor de la militarización de la vida en la aldea, que condujo a la masacre y las experiencias vividas de sobrevivencia en medio del terror que siguieron a la destrucción de la vida comunitaria y sus estructuras.

La mayoría de los residentes de Acul recuerdan que empezaron a escuchar de la violencia del ejército y la guerrilla en el área ixil entre 1976 y 1977, cuando notaron la expansión inicial de las tropas militares y cómo iba aumentando la frecuencia de sus maniobras en todo Nebaj. A finales de los años setenta, la mayoría tenía noticias de la existencia de la guerrilla, aunque muchos no habían visto combatientes guerrilleros. Algunos conocían a la guerrilla como el Ejército Guerrillero de los Pobres o EGP. Otros se referían a ellos como "los guerrilleros". Muchos simplemente los llamaban "los subversivos" repitiendo la propaganda de caricaturas en panfletos impresos por el ejército, que representaban a los combatientes guerrilleros con el rostro del Che Guevara, y su conocida boina, encima de un cuerpo peludo de animal con cola y los cuernos del diablo.[2]

La violencia de la guerrilla y el ejército parecía muy lejana a la vida cotidiana de los ixiles de Acul. Su comunidad era relativamente próspera. Casi la mayoría de las familias tenía terrenos suficientes para sembrar abundante milpa para subsistencia. La tierra era productiva. La gente trabajaba duro y tenía un

2. Copias de estos panfletos fueron coleccionadas por Comunidades Étnicas Runujel Junam (CERJ) y compartidas con la autora.

poco de dinero para comprar algo extra. Si perdían sus siembras o si querían comprar más animales o terrenos, se iban a la costa a trabajar por una temporada.

Mi esposo trabajaba duro. Sembraba en Acul y trabajaba en la costa. Por eso siempre me compró mi

Panfletos distribuidos por el ejército.

ropa. Yo tenía cinco cortes y cinco huipiles. Me compró mi comida, mis trastes y un armario para guardar mis cosas. Teníamos mesa y sillas. Un radio. Tenía donde guardar mis trastes, no como ahora con todo en cartón. Siempre tuvimos mucho porque trabajaba mucho mi esposo. (Testimonio No. 28, 16-12-97).

Las casas eran de buen tamaño, en promedio unos 50 metros cuadrados, con muro de piedra y repello y madera. La mayoría de las casas estaban construidas con tablones de ciprés y techo de teja. Generalmente, las familias tenían una residencia principal y también casa en construcción para el varón mayor o para heredar a sus nietos. Muchas tenían una casa pequeña en sus terrenos de siembra, lejos de su vivienda, para vivir allí durante las temporadas de mucho trabajo. Tenían sus animales, muebles, varias prendas de ropa, trastes, herramientas, marimba, etc. La vida comunitaria y el transcurso del tiempo eran marcados por celebraciones de las costumbres mayenses y los ritos de la Iglesia católica, además de las ceremonias que conmemoraban el advenimiento del casamiento, el nacimiento y la muerte.

Mi casa de antes era puro tablón, tenía unas 2.300 tejas. Antes había buena madera. Ciprés. Subimos la montaña. Pensamos sobre el futuro, pero no supimos lo que iba a pasar. Yo trabajaba por el futuro. Ciprés es más duro para trabajar, para traer; pero dura unos 100 años. Sería una herencia para mis niños. Construí la casa para el futuro. Si yo había sabido lo que iba a pasar, no hubiera trabajado tan duro para construir la casa. No supimos que el ejército iba a venir y quemar todas las casas. Me trae mucho dolor ver el muro. Me entra en el corazón cuánto me ha costado construir y

> no lo puedo reconstruir, ni la casa ni mi familia. Lo que ustedes vinieron a ver es lo que hubo antes. Ustedes son testigos de lo que sucedió antes. Han visto los huesos de nuestros hijos masacrados por el ejército y los muros de nuestras casas quemadas. Yo pensaba antes que aquí iba a vivir mi futuro con mis hijos y mis nietos. Pero mataban mi hijo y quemaban mis casas. Yo estoy anciano y solo. Mis nietos estarían conmigo pero no los tengo porque mataron a mi hijo. Entonces su mujer tenía que buscar otro hombre porque yo no tenía nada para darles. (Testimonio No. 7, 10-12-97).

La vida en Acul nunca fue fácil. Era la vida difícil y ardua de los campesinos de siembras de milpa para subsistencia, dependientes de la suerte en relación con el clima y de un cultivo sin plagas para asegurar una cosecha anual abundante. Curanderos, hueseros y parteros proporcionaban la mayor parte de atención médica porque la medicina basada en clínicas y hospitales era muy cara y estaba muy lejos, tanto cultural como geográficamente. No había electricidad, ni agua potable. Para los residentes de Acul, la única manera de llegar a Nebaj, al otro lado de la montaña, era caminar tres y media horas hacia arriba de la montaña y bajar al otro lado para entrar a Nebaj. Ese mismo camino esperaba a los fuereños, salvo que tuvieran helicóptero.

Como en muchas comunidades rurales en Guatemala, después del terremoto de 1976, los vecinos de Acul empezaban a aprovechar los talleres, instrucciones y recursos puestos a la disposición de las comunidades rurales. Estos programas fueron especialmente atractivos para los hombres jóvenes, quienes habían concluido entre uno y cuatro años de educación primaria y eran alfabetas y funcionalmente bilingües en ixil y español. Estos jóvenes tenían mucho interés en participar en programas para mejorar y diversificar las cosechas para el mercado, en programas de salud y alfabetización popular, y proyectos de catequización. Estos jóvenes se convirtieron en promotores culturales de sus comunidades. Y, por su mejor comprensión del mundo hispanohablante externo a Acul, también llegaron a ser los defensores de los miembros de la comunidad afectados por individuos o instituciones externos.

Los habitantes de Acul informaron que en 1980, en el camino de Chemala a Nebaj, la guerrilla mató aproximadamente a 28 soldados cuando emboscaron dos camiones del ejército que transportaba soldados y leña hacia Nebaj. Según el Registro de Defunciones de Nebaj, unos 15 soldados fueron muertos el 2 de abril de 1980 en Chemala. Después de esta emboscada guerrillera, los soldados empezaron a llegar a Acul y otras aldeas cercanas para interrogar a todos acerca de la guerrilla. Los soldados fueron casa por casa buscando armas y sometieron a interrogatorios a hombres, mujeres y niños.

> Se subieron a los techos y de allí daban sus discursos. (Testimonio No. 17. 12-12-97).

Casi al mismo tiempo, también llegaron a Acul representantes de la guerrilla. Primero hubo reuniones pequeñas con una familia en una casa, y otra reunión en otra casa. Luego, la guerrilla convocó a toda la comunidad, en la plaza, y explicaron la lucha armada y su programa revolucionario para el futuro.

> Venía primero personas sin armas. Nada más el EGP venía a dar pláticas y organizarnos. No pidieron nada. (Testimonio No. 14)

> Nos dijeron, "Somos el ejército de los pobres". (Testimonio No. 12)

> Aconsejaron a nosotros en nuestras aldeas que no tenemos luz, no tenemos camino, no tenemos estudio. Dijeron, "El presidente está recibiendo ayuda y no nos está llegando, entonces vamos a luchar por esto". (Testimonio No. 32)

Con el paso del tiempo, los discursos del ejército y de la guerrilla se hicieron más agresivos y acusatorios. La mayoría de los residentes de Acul seguían las instrucciones de la guerrilla y construyeron buzones para guardar comida y ropa. La guerrilla empezó a preparar a las familias de Acul, tanto psicológica como materialmente, para la huida de la aldea y para la guerra.

> El responsable nos aconsejó que hacemos reuniones nosotros y ellos explicaron que había personas en la montaña que necesitan comer. Dijeron, "Entonces ustedes van a hacer el favor de hacer comida para la gente que está en la montaña que tiene arma". (Testimonio No. 15)

> Nos explicaron cómo hacer buzones. Cómo guardar la comida y ropa que íbamos a necesitar. Casi todos tuvimos comida y ropa guardada. (Testimonio No. 37)

"Quizás viene el ejército para matarlos. Hay que prepararse", nos dijeron. (Testimonio No. 23)

> Nada más mi esposo está participando. Yo no, porque no sé qué se implica y para qué sirve también. No hemos robado nada. ¿Por qué hay que esconder nuestras cosas? (Testimonio No. 8)

Algunos vecinos de Acul organizaron reuniones y actividades para el EGP. La mayoría participaban porque les pareció "buena idea" y porque habían sufrido las injusticias señaladas por el EGP. Para los ixiles, como para la mayoría de los mayas, "si hay tortilla para cuatro, hay para cinco". Los ixiles de Acul dieron comida tanto a los soldados como a los guerrilleros. La mayoría les dieron tortillas, frijoles y hospedaje, porque es una práctica común dar comida y hospedaje a viajeros, pero además porque llegaban armados.

> Nos asustamos porque peor si no damos la comida porque van a matar nosotros. Mejor les damos comida. (Testimonio No. 20)

Como sucedió en otras aldeas, en todas partes de Guatemala, eventualmente la violencia empezó a impactar directamente a los ixiles de Acul.

> El EGP vino a organizar el pueblo. Al fin escuchó el ejército. Al año, llegó el ejército y vino a mi casa. Me preguntaron "Qué está haciendo allí?" Yo les contesté; "Yo nada. Acaba de nacer mi hijo". Yo estaba en cama con mi hijo. (Testimonio No. 24)

> Yo fui a trabajar y yo encontré dos EGP. Me agarraron, y me preguntaron a quién conocí y adónde iba. Yo tenía miedo. (Testimonio No. 12)

La primera vez el ejército pasó a recoger unos hombres casa en casa y los llevaron a la montaña y allí los mataron. (Testimonio No. 1)

Pasaron el ejército aquí en la noche. Fue antes de la masacre, el 12 de octubre de 1980. Pasaron el ejército y recogieron 9 hombres y los fueron a matar. Los vimos porque los hombres son vecinos. Después mi esposo fue a buscarlos con otros hombres. Los encontraron y los enterraron. (Testimonio No. 8)

Primero vino los ejércitos en la noche y lo llevaron nueve hombres pero como yo no sabía lo que estaba pasando y cuando amaneció, y todos los hombres, todas las personas están gritando, "Fijate que llevaron nuestros hijos. Llevaron nuestros esposos. Estamos tristes ahora".

Los ejércitos llevaron los nueve hombres y se fueron a un caminito para llegar a Nebaj y después en medio de este camino los mataron los 9 hombres allí. Los encontramos como una semana después. Los bajamos y los enterramos. En 80 los mataron. Pero lo que pasa es que hay otros que lo mataron con lazo y otros que nada más con fuerza le metieron un cuchillo. El ejército lo hizo. (Testimonio No. 7)

Mi esposo y mi hijo iban a Nebaj. Los EGP tenían reunión por el camino a Nebaj. Cuando pasó mi esposo con mi hijo, la guerrilla bajó en camino y preguntaron, "Qué están haciendo ustedes? ¿Son orejas del ejército o no?" Después lo agarró mi esposo e hijo y los llevaron y los mataron. Fue el 12 de abril de 1981. Las gentes que estaban en reunión con los EGP me lo contaron a

> mí y me ayudaron encontrarlos y enterrarlos. (Testimonio No. 3)

Entre 1977 y 1980, los pobladores de Nebaj, sus aldeas y caseríos alrededor sufrieron un aumento de muertes violentas, 20 veces más en 1980 que en 1977, año en que se registraron cinco muertes violentas en el Registro de Defunciones.[3] Trece muertes están anotadas en 1978 y también en 1979. Pero en 1980, 100 personas fueron víctimas de muerte violenta causada por arma de fuego, estrangulación, apuñalamiento, presentando algunas hemorragia interna causada por trauma de abdomen y trauma de cráneo.

> Cada día aparecían muertos, desapariciones y torturas en los ochenta. (Testimonio No. 8)

En 1981, en los primeros seis meses del año, se registraron otras 100 muertes violentas. A fines de 1981, las muertes violentas registradas llegaron a 172. Casi el 80% de las víctimas eran residentes de las aldeas y caseríos alrededor de Nebaj. Los residentes de Nebaj fueron el 13% de las víctimas. El 7% fue anotado como XX, sin lugar de origen, ni lugar de muerte identificado.

De las decenas de masacres en el área de Nebaj,[4] únicamente la del 16 de abril de 1981 en Cocop está

---

3. Libro de Defunciones de la Municipalidad de Nebaj, tomos 56-59, enero de 1977 a diciembre de 1982.

4. Estas masacres han sido documentadas por muchos académicos y organizaciones internacionales. Entre otros están: Americas Watch, 1990; Amnesty International 1982, 1987, 1990; Black, George 1984; Diskin, Martin 1983; Fried, Jonathan 1983; Guatemalan Church in Exile 1989; Jay, Alice

anotada en el Registro de Defunciones. De los 65 ixiles asesinados por el ejército en Cocop, 34 eran niños, 5 adolescentes, 23 adultos y 2 ancianos. La masacre de Cocop precedió a la masacre en Acul en cinco días. No hay ninguna mención de la masacre en Acul en el Registro de Defunciones.

La masacre de Acul

La masacre de Acul no fue la más grande, ni la peor, tampoco es singular. Es representativa de una estrategia militar que no distinguía entre civiles y combatientes; una estrategia que usaba el terror y la crueldad psicológica para forzar a las comunidades a someterse al mando militar. Aunque no deben ser vistas como incidentes aislados y únicos de la violencia del Estado, las masacres sí son significativas en el sentido de que encarnan el momento en que la violencia estalla en la vida de los civiles de las aldeas y cambia para siempre la vida de los ciudadanos de la sociedad guatemalteca.

El 21 de abril de 1981, el ejército de Guatemala cercó y ocupó Acul (Sanford, 2003: 285). A las seis de la mañana, cuando los hombres iban a trabajar en sus siembras de milpa, descubrieron que su comunidad estaba rodeada por el ejército y la patrulla civil de Nebaj. Los trabajadores fueron capturados y llevados a la iglesia en la plaza.

> El ejército cercaba Acul mientras que la gente iba a trabajar en la montaña y allí los encontró en el camino. Había dos soldados y un civil. Amarraron a mi hermano

---

1993; Jonas, Susanne 1991; Manz, Beatriz 1987; Padilla, Luis Alberto 1988; REHMI 1998; Stoll, David 1993.

> mayor y menor. Nos interrogaron. Otro señor tenía su hijito y el ejército le dijo que cruzara al río para ver si tenía sus entrenamientos dados por la guerrilla. Pero como somos simples campesinos, el niño no tenía idea cómo hacer lo que decía el ejército. El río se lo llevó. (Testimonio No. 13)
>
> Nos juntábamos y metieron nosotros en la iglesia. Tal vez nosotros éramos como 300 y dijeron que hay que agacharse en el suelo, bien agachadito, pero sin mirar. Si miras, hay unos que quebraron la cabeza por mirar. (Testimonio 7)

Los patrulleros de Nebaj fueron casa por casa buscando a todos los hombres, ancianos y jóvenes.

> Los patrulleros fueron a pasar a sacarlos casa en casa y pasó a recoger mi hijo mientras que el ejército lo está esperando. Solo recogieron hombres. Lo que sea, lo que hay. Recogieron jóvenes, viejos, todos. La cosa es que lo agarra y lo saca. Estaba yo en mi casa cuando pasaba a recoger mi hijo. Nada más empujaron la puerta y entraron y sacaron a mi hijo. No dijeron nada, ni una palabra. Si nosotros vamos a hablar, nos van a matar. Por esto, solo miramos que lo sacan sin decir nada. (Testimonio 1)

En una casa junto a la escuela, los soldados pusieron a los ancianos de Acul. Estos ancianos se llaman Principales porque mantienen los secretos del pasado y llevan la tradición y la religión maya, conocida como *costumbre*.

Uno de los miembros de la patrulla civil tenía una capucha. Después la gente lo identificó como un joven de 17 años de una aldea vecina cercana. Los militares pusieron a los hombres capturados enfrente de este joven encapuchado y él los señaló y luego señaló la escuela o la iglesia. Los hombres que fueron recluidos en la iglesia tenían las manos amarradas atrás de la espalda. Tenían que ponerse en el piso boca abajo. Los soldados los golpearon y patearon. Después, cubrieron a los hombres en el piso con tierra y hojas.

Durante todo esto, los soldados llevaron a los principales al cementerio y les ordenaron abrir una fosa.

> A la fuerza lo hicimos. Tuvimos mucho miedo. Estamos temblando cuando estamos allá. (Testimonio No. 7)

Mientras que los principales hacían la fosa, los soldados llevaron a los jóvenes detenidos en la escuela a la iglesia y les ordenaron correr y brincar encima del montón de tierra y hojas en el piso de la iglesia.

> Con hojas sobre ellos, como no se miraba que había gente abajo y los soldados nos mandaban a saltar, brincar y correr adentro. Tuvimos que hacer lo que decía el ejército porque estamos amenazados a muerte y estamos golpeados y torturados. (Testimonio No. 13)

Los jóvenes hicieron lo que les ordenaron porque los soldados les pegaban en la cabeza y costillas con la culata de las ametralladoras. A varios de ellos les fracturaron las costillas y el cráneo. Se dieron cuenta de que estaban brincando encima de seres humanos porque sentían que se movían debajo de sus pies.

> Cuando nos dimos cuenta de que las personas estaban bajo de eso sentía el cuerpo y que si son humanos boca abajo. El ejército empezaba a golpearnos

> más para seguir corriendo y brincando. Luego nos pusieron también boca abajo encima de los demás y yo pude ver un poco. Un soldado me preguntó, "¿Qué está viendo?" mientras que me dio culatazos en la cabeza y las costillas. Fracturaba unas costillas por estos golpes y patadas. (Testimonio No. 13)

Mientras estaban boca abajo encima de los hombres cubiertos con tierra y hojas, los soldados continuaron golpeándolos. Mientras eso sucedía en la iglesia, los Principales de la comunidad excavaron un hoyo. Tenía que ser un hoyo profundo, más profundo que la estatura de los ancianos. Cuando terminaron la fosa, los soldados ordenaron a los ancianos ponerse de pie en la fosa. Los principales creyeron que los soldados los iban a matar.

> Los soldados estaban sonriendo y apuntándonos con sus armas. Pensaba yo, "¡Aquí me muero!" (Testimonio No. 7)

Después, los soldados ordenaron a los ancianos salir de la fosa y regresar a la plaza enfrente de la iglesia. Y con ellos también pusieron a los jóvenes que fueron pisoteados en el piso de la iglesia. Todavía tenían las manos amarradas atrás. Completaron el grupo con jóvenes de la escuela. Luego, los soldados hicieron con ellos dos grupos: a la izquierda, los jóvenes que fueron torturados adentro de la iglesia; a la derecha, los ancianos y los jóvenes de la escuela. A los primeros les dijeron: "Ustedes son el infierno". A los segundos, forzados a excavar la fosa y a correr y brincar encima de los cuerpos de los otros: "Ustedes son el cielo".

> Así habían señalado las personas. Hubo un hermano, o sea evangélico. Los soldados dijeron para mostrarle como un ejemplo que "aunque sí lee la *Biblia*, éste es el mero jefe de los guerrilleros. Así decían a los dos partes (cielo e infierno). Luego, tuvieron que ejecutar la muerte del hermano evangélico. Lo amarraron al árbol en la plaza y nos obligaron pegarle. Luego, el ejército decía, "Ya está muerto. Ya está terminado y a ustedes les toca ahora".
>
> Los soldados dijeron entre ellos que "estas serían las personas que serían matadas y hay que llevarlas al cementerio, los demás vamos a matar más tarde". A nosotros de *cielo*, nos mandaban a la escuela todavía amarrados algunos, algunos no. (Testimonio No. 13)

El ejército ordenó a los Principales ir al "infierno" y conseguir a sus hijos y sobrinos y llevarlos al cementerio.

> Nos dijeron: "Ya terminaron de hacer los hoyos y ahora cada uno de ustedes tiene que llevar una persona. Ustedes tienen que escoger sus hijos y ustedes mismos tienen que llevarlos. Los hombres del cielo tiene que llevar los hombres del infierno al cementerio. (Testimonio No. 7)

Mientras hacían esto, los soldados dijeron, "Ahora ustedes ven lo que pasa cuando dejan que sus hijos ayudan a los subversivos. Ahora van a ver qué pasa cuando no enseñan bien a sus hijos". Los soldados pusieron a los jóvenes en fila en frente de la fosa y pusieron los ancianos a los dos lados de la fosa para ver. Después, los soldados se pusieron en fila al otro lado de los jóvenes y dispararon a los jóvenes en la primera fila. Dispararon directamente en sus caras, sus pechos y sus abdómenes. La primera fila de jóvenes cayó en la fosa. Los soldados empujaron a los demás jóvenes en la fosa encima de los hombres heridos y muertos. Después dispararon directamente en la fosa.

> A mí me mandaban al cielo, a mi hermano al infierno. Yo sentí las penas de él. Los principales me dijeron después que a mi hermano le metieron tres tiros, pero aun con los tres no se murió. Trataba de salir el hoyo sobre los otros muertos. Él gateaba en el hoyo. Se dieron cuenta que no se murió y tuvieron que terminarlo con leñazos en la cabeza. De plano lo quebraron la cabeza. Pero no estaba totalmente muerto. Todavía estaba algo vivo cuando lo enterraron. (Testimonio No. 13)

Los soldados ordenaron a los ancianos a enterrar los muertos. Los Principales cubrieron las cadáveres de sus hijos y sobrinos con tierra.

> Cuando terminamos el entierro, los soldados dijeron, "Todavía no están terminados. Todavía tienen más trabajo. Ahora vamos a caminar". Pensamos, "Ahora, nos van a matar. Nos quitaron nuestros hijos y los mataron. Seguro no nos dejan vivir. ahora, van a matar a nosotros. Vamos a juntar con nuestros hijos en el cielo. Nuestros hijos no están en infierno." (Testimonio No. 7)

Pero en lugar de matar a los ancianos, los mandaban a recoger los cadáveres de los cinco hombres muertos por el ejército en la mañana cuando los hombres iban a trabajar su milpa. Los principales cargaron estos cadáveres al cementerio. Junto con la fosa de sus 30 hijos y sobrinos, ellos hicieron otro hoyo y enterraron a los cinco hombres.

Después los soldados nos dijeron, "¿Por qué están tristes? Ustedes no tienen que estar tristes. No solo aquí hay problemas. En todos los partes hay muertos. Hay muertos en cotzales, chajules. Entonces ustedes tienen un poco. ¿Por qué están tristes? Tiene que estar así".

¿Luego, hicieron pregunta a nosotros, "¿Qué es lo que observaron ustedes? ¿Qué es lo que vieron ustedes?" Nosotros no contestamos porque ya sabemos que ellos mataron a nuestros hijos. Nosotros no contestamos.

"Vaya ustedes no contestan porque ustedes no cuidan a sus hijos. Los hijos de ustedes están metidos con los guerrilleros. Por eso ustedes no contestan. Ahora, ya vieron los muertos. Ustedes tienen que ir a sus casas. Tiene que ir tranquilos. Hay que ir a comer, a descansar, a dormir. No hacer nada. Ya han hecho un buen trabajo. Vayan ustedes. Vayan tranquilos".

Pero nosotros no estamos tranquilos. Estamos tristes. Fuimos a nuestras casas pero no comimos. Estamos llorando. No estamos contentos porque nosotros ya sabemos qué hicieron. Yo no comí nada por un mes. (Testimonio No. 7)

Terminando la masacre, el ejército tuvieron que regresar e interrogar los que estaban en la escuela. Luego, nos preguntaron, "¿Cómo están pensando ustedes? ¿Nos van a llevar y enseñar dónde están los buzones? ¿Dónde están las armas? ¿Los *claymores*? Las minas que ustedes están usando en los caminos". Fuimos preguntados y respondemos que "¿Cómo podemos hacerlo cuando no sabemos de qué hablan?"

Entonces el ejército hizo una percha de 15 soldados encima de uno de nosotros. Yo por un poquito me iba a morir. Casi iba a morir, pero sobreviví. Terminamos hacer la percha y salimos de la escuela. Nosotros tuvimos de comer nuestro almuerzo. Las tortillas, huevos, frijoles y miel que llevamos. Tuvimos que comer adelante de ellos con ellos viendo. Luego, regresamos a la escuela. Nos golpearon con la culata de arma y allí nos dejaban bien torturados. Nos torturaron, golpeando las cabezas y todos partes del cuerpo. Nos salieron sangre de la boca, nariz, oídos y otros lugares del cuerpo. Mientras respiraban, pero no respiración normal porque íbamos para morir. Se dieron cuenta que íbamos a morir y nos preguntaban, "¿Tienen sed?" Nos dieron agua para tomar, pero no es agua. Es el orina de un soldado y nos dieron para tomar. Estamos en la escuela hasta las siete por la tarde.

Yo llevaba mi azadón y machete para trabajar y mi radio. Hubo una persona en la patrulla que conocí. Entonces, le hablé por nombre, dije, "Vicente, ¿dónde está mi morral, azadón, machete y radio?" Luego, él contesto, "¿Cómo pensabas que tus cosas no son tus vidas? ¿No agradeces que estás vivo? Ahora, le vamos a decir el jueves allí en Nebaj va a ver una reunión del pueblo de Nebaj para ver que va a ser. Hay que ir". Yo pensé que me van a matar. Entonces el jueves después de la masacre, no fui a la reunión.

A las siete cuando salimos de la escuela, fui a mi casa. No hubo nadie, todos habían huido. A los cinco días, llegó mi papá con un amigo y me llevaron. Tenían que cargarme. Me tardé dos meses de recuperar. Pero después de esto, no comía ni un pedacito de tortilla, ni nada por 20 días. Solo viví con agua pura y cusha. Solo con esto para no sentir el dolor. Con el tiempo, me alivié. Después de 20 días, comí una tortilla. Pero

> luego, huyendo en la montaña, caímos en el río y el río me llevó. Sobreviví, pero me pegó otra enfermedad.
>
> Después de estos 20 días, yo sentí más o menos normal y me acordé de mi hermano, de lo que sucedió y cómo fue y me dio una tristeza profunda y dejé de comer y no pude comer por dos meses por la tristeza pensando en lo que había sucedido y cómo estamos. Así es lo que yo pensaba todo el tiempo en la montaña. Siempre estaba triste pensando en estos dolores. (Testimonio No. 13)

En los primeros días después de la masacre, todas las familias de Acul huyeron a la montaña. Durante dos semanas, el ejército quemó cada casa y siembra de milpa en Acul. El único edificio que quedó fue la iglesia católica.

> La patrulla llevaron una imagen y unas coronas bien bonitas que tenía la imagen. Parece que el ejército llevaba las coronas y los patrulleros llevaron nuestra imagen a la iglesia en Nebaj. Después lo vimos en la iglesia. También tuvimos 20 bancos en nuestra iglesia y dos manteles. El ejército los llevaron o los quemaron, saber. La gente de Acul no los llevaban, estábamos asustados. Ni llevamos comida. ¿Cómo vamos a llevar estas cosas? (Testimonio No. 12)

> Primero estamos en nuestras casas en el día, dormimos en la montaña en la noche. Después el ejército quemaba todo, entonces nos quedamos en la montaña. No tuvimos más donde ir. (Testimonio No. 19)

Como se anota en el Informe Remhi: "La destrucción del maíz y la naturaleza no fue solo una pérdida del alimento o una forma de privación, sino también un atentado a la identidad comunitaria".[5]

La vida huyendo en las montañas

Aunque la vida en las aldeas era de carencias y necesidades y sin los servicios más básicos para asegurar la dignidad humana, la vida en las montañas siempre fue precaria con las realidades de la sobrevivencia cotidiana siendo tan áspera como de negar la humanidad y dignidad a los sobrevivientes ixiles de Acul. Las comunidades vivieron sin vivienda, sin ropa, sin medicinas y sin fuentes seguras de agua y comida. La gente sobrevivió comiendo raíces y hierbas. Las familias dedicaron la mayor parte de su tiempo a la búsqueda de plantas comestibles. Mucha ansiedad provocaba la sed y la búsqueda desesperada de las raíces pequeñas, que contenían aproximadamente una cucharita de agua por cada raíz.

Y todo esto en medio de los bombardeos constantes y ataques del ejército por tierra. Los soldados del ejército guatemalteco cercaron secciones grandes de la montaña y avanzaron disparando con la esperanza de empujar a la comunidad al fuego cruzado de los soldados. También, estas maniobras por tierra fueron reforzadas por bombardeos aéreos en contra de los hombres, mujeres y niños civiles huyendo en la montaña. Mientras tanto, el ejército continuó quemando

5. *Guatemala nunca más. Informe del Proyecto Interdiocesano Recuperación de la Memoria Histórica*, Guatemala: Oficina de Derechos Humanos del Arzobispado de Guatemala.

aldeas y siembras cotidianamente, destrozando así el acceso de los sobrevivientes a fuentes de comida.

> Nos obligaban ir a la montaña. Sufrimos hambre, frío, enfermedad. Casi la mayoría murieron de hambre. Nosotros éramos como rehenes. Los que huyeron de las masacres éramos perseguidos y matados por el ejército. Los que huyeron del hambre de la montaña también era asesinados por ser cómplice del ejército. (Testimonio No. 8)

> Nosotros tratamos de sembrar milpa y lo que la tierra da, pero el ejército seguía persiguiéndonos y llegaba en los lugares donde las poblaciones estaban y dejaba allí cortaba la milpa. Mataban animales, vacas, ovejas, pollos, todo. Todo lo que agarraba es todo lo que mataba. (Testimonio No. 13)

> Cuando estaba saliendo la milpa, juntábamos la flor de milpa. Pero llegó el ejército y cortó la milpa. No hubo nada. No había comida. Comimos hierbas y raíces del monte. Comimos yerba Santa Catarina, yerba de mora, malanga, San Juan lo que es una raíz muy amarga y con olote hicimos nixtamal. Agua con yerba, agua con raíz es todo lo que comimos.
>
> Luego, el tiempo de seca. No hay ningún río cerca de nosotros. No hay comida. No hay agua. Buscamos un raíz que tiene como una cucharita de agua. Si no se encuentra, se muere de sed. (Testimonio No. 8)

Los sobrevivientes de las masacres huyeron en grupos tan pequeños como una o dos familias, otros en grupos de 11-15 familias. Más tarde, muchas familias se juntaron con grupos más grandes y organizados de 150 hasta 300 personas. Basados en testimonio de sobrevivientes, por lo menos 30% de los sobrevivientes de la masacre murieron de hambre en la montaña y por enfermedades asociadas con exposición a los elementos y hambre. Cada día fue vivido en la búsqueda de comida y agua y con miedo a los ataques de tierra y bombardeos del ejército, miedo de la "justicia guerrillera", y el dolor constante de hambre y la preocupación por una muerte lenta por hambre o enfermedad.

> Siempre hay gente muriendo. Cada pocos días alguien muere de hambre. (Testimonio No. 12)

> Se murió mi mamá por hambre. Muchas murieron así. Allí en la montaña están enterradas. (Testimonio No. 15)

> Murieron mucha gente por hambre, por balazos del ejército y los que mataron los guerrilleros. (Testimonio No. 26)

> Mi papá se murió por hambre y se quedó en la montaña. Estoy bien triste por esto lo que pasó. Había como 50 personas que enterramos en la montaña y viene el ejército y tuvimos que hacerlo rápido. Me da pena. (Testimonio No. 29)

> Éramos 18 familias huyendo juntos. Mis dos niños murieron por hambre. (Testimonio No. 33)

> Se hinchó mi hijo. Se hinchó mucha gente. Se hinchó sus piernas y pies. Se hinchó hasta que no camina. Mi hijo, yo lo tenía que cargar. Murió hinchado en la montaña. Mi hijo tenía 14 años. (Testimonio No. 39)

> Un señor me pidió tortilla. Dijo, "Le cambia mi piedra de moler por unas dos tortillas. Tengo hambre. Creo que estoy muriendo. No me puedo levantar. Por favor, consígueme algo para comer".
>
> Pero yo no tenía nada. Nada, nada. Yo no había comido por más que 20 días. Pero pensaba yo, "Mañana le voy a conseguir algo, si sea un raíz por el pobre". Como ya fue noche, le dije, "Descansa y mañana busco algo". Me desperté en la mañana y el señor estaba allí abrazando su piedra de moler. Era muerto. Es cierto estaba muriendo de hambre. (Testimonio No. 11)

La mayoría de los residentes sobrevivientes de Acul vivieron en la montaña bajo control de la guerrilla y ataques del ejército por dos años.

> En la montaña, casi no tenemos miedo con los EGP cuando los miramos y tenían arma porque ellos explicaron a nosotros que "no es ustedes que estamos matando. Estamos matando el ejército". Dijeron, "Ustedes no van a tener miedo de nosotros. Somos pobres como ustedes y no hay derecho matar a ustedes". No tenemos miedo de los EGP. Lo que tenemos miedo es el ejército porque ellos nos buscaban para matar en la montaña.
>
> Como tres o cuatro meses después de la masacre, el ejército empezó una ofensiva militar muy grande. Mientras que el ejército nos atacaba, los patrulleros roban todos los animales domésticos y ropas y comidas que quedaban en las aldeas. Luego, el ejército quemó todo.
>
> Empezaba la ofensiva. Tenían que arrastrar la montañas cercando la población civil porque la única defensa de la gente es en las montañas. Pero el ejército

tratabanla forma de cómo localizar nosotros y nos tuvieron que juntar cercándonos. Así aparecieron muchos muertos en las montañas. Muchas aparecieron muertas por la ofensiva. Muchas quedaban tiradas en los ríos y los hoyos.

Al fin, estamos en la montaña y viene el ejército con bombas. Bombardearon todas la montañas. Muchas personas murieron de bombas. Muchas murieron de hambre. (Testimonio No. 13)

Nosotros estamos en la violencia y los EGP llegan de pedir comida a nosotros porque no hay dónde para traer su comida. Ni tenía comida en la montaña y lo que es su trabajo del EGP nada más están peleando con el ejército pero no tiene comida. Después, la población lo colaboraron y están dando su comida pero nosotros tenemos que buscarlo porque también no tenemos comida en la montaña. Casi toda la gente les dieron comida porque si no, se van a enojar con nosotros. Nosotros estamos respetando y los damos su comida. Si no vamos a dar, repente nos van a matar a nosotros. Por esto, nosotros estamos respetando. (Testimonio No. 12)

En la montaña llegó el ejército cerca de nosotros, como una cuerda de distancia. Estamos temblando con miedo. Mataron 10 personas. Mujeres con niños y hombres. Después llegó una niña que se escapó, que estaba bien golpeada (violada). Ella llegó a decir que "ya se murió mi mamá. Estoy bien triste y golpeada (violada)". Dejaron los muertos allí. Tuvimos que huirnos. (Testimonio No. 15)

> Parece que nosotros somos animales por lo que nos estaba haciendo el ejército. Murieron mi esposo y mi hermano. El ejército mató a mi esposo. El EGP venía y agarró mi hermano y lo llevó. Son iguales, el EGP y el ejército. (Testimonio No. 24)

> Por fin, nos organizó, hasta que yo estaba organizada. Pusimos personas a puntos distintos: uno por aquí, otro por allá. Cuando oímos ruido del ejército, avisamos con señal para mover todo los 300 personas. Yo no tenía arma. Únicamente los EGP tenían arma. La población no tenía arma. (Testimonio No. 12)

Vivir huyendo era particularmente severo para las mujeres embarazadas y las viudas con niños pequeños:

> Yo estoy embarazada cuando pasó esto. Allí en la montaña nació mi hijo. Yo no tenía comida, ni nada.
>
> Como yo estoy embarazada siempre estoy corriendo porque el ejército está persiguiendo a nosotros y después al fin llegué a una montaña muy lejana. Como las 8 por la noche, nació mi hijo. Como las 5 por la mañana tuve que salir corriendo porque venía el ejército.
>
> Yo estaba sangrando mucho y muy débil. Encontré un río y me caí allá con mi niño a mi espalda. Pensaba que voy a morir cuando caemos en el río porque tenía dolor de corazón, dolor de cabeza, estaba bien pálido, sangrando mucho. Pero, al fin que no morí. Nos salvamos. Pero estaba mojada. No tenía comida, ni ropa, ni nada.
>
> Salió bastante sangre como estoy corriendo y tenía que buscar otro río para lavar mi corte. Una señora me ayudó. No está seco mi corte y lo mismo ropa

mojada estoy poniendo otra vez. Solo Dios me está cuidando. Casi no pasó nada y mi hijo vivió también. Yo no lo entiendo.

Los guerrilleros aconsejaron a nosotros que "Hay que tapar la boca del bebe con pañuelo". Así se murió bastantes niños. Así me dijeron a mí, "Hay que tapar su boca", me dijeron. Yo dije, Mejor me voy a morir con mi hijo. No soy chucho para que voy a tirar mi hijo aquí. No somos chuchos.

La guerrilla aconsejaba de tirar al niño o se tapa la boca y se muere. Había bastantes niños que murieron en la montaña por bocas tapadas. La guerrilla nos dijeron, "Tapen las bocas para que se muere porque están dando seña al ejército porque gritan". Yo no tapé. Por esto vivió mi niño porque no tapé su boca. ¿Cómo voy a matar mi hijo? Mi único recuerdo de mi finado esposo. Tal vez se murió 25 ó 30 niños así. También si alguien tenía su perro, lo mataron. (Testimonio No. 28)

Yo tenía cuatro hijos. Uno de 6 años, una de 4, uno de 2 y uno casi va un año. Me dijeron, tapar sus bocas, que eran demasiados niños. "Mucha bulla y no dan nada a la comunidad. Yo salí. Si mueren, mueren conmigo luchando. Así andaba con una a mi espalda, cargando una en frente y otro con mi mano. Pasamos todos los días buscando raíces y yerbas. Huyendo del ejército. Buscando dónde ir. Allí en la montaña, encontré una huérfana. Solo tenía 5 años. No tenía nadie. No la pude dejar. Si algo pasaría a mí, espero que alguna gente lleva mis hijos. Todo mis niños vivieron y ella también. Yo la quiero como mi propia hija. Ahora está casada. (Testimonio No. 33)

> Yo sufrí de llevarlos. Yo pasé un niño encima de mi espalda y otros en cada mano. Hay gente que es muy amable y pasaron a ayudar mover los niños. Pero hay gente que no es amable y casi no me ayudaron a mí. Siempre voy poco a poco en la montaña, muy despacio. Lo que estoy haciendo es de no quedar cerca de nadie porque si me encuentran el ejército me va a matar y mis hijos también.
>
> Un mi niño murió de hambre en la montaña. Otros enfermaron y sufren por hambre. A los días de entrar aquí a Acul, se murió otro. Solo me queda dos de mis niños. (Testimonio No. 26)

> El ejército mató a mi papá. Mi mamá murió del hambre. Yo tenía 5 años. No hubo nadie para defenderme. Allí en la montaña me dejaron en lugar de matarme. Solita andaba yo unos seis meses en la montaña. Pasaba los días buscando raíces para comer. La Doña María me encontró. Ella tiene un corazón grande. Por esto, estoy viva. (Testimonio No. 34)

Mientras la guerra se prolonga interminablemente, el ejército sigue bombardeando y atacando a los civiles en la montaña, simultáneamente cambia a una estrategia nueva en lo cual se prioriza el control de la población civil sobreviviente. Al mismo tiempo, la estrategia del EGP también prioriza el control de la población civil (lo cual significó mantener a los civiles hambrientos en las montañas) sin importar el costo. Si al principio el ejército y la guerrilla se enfrentaron en una lucha por controlar áreas geográficas, al final la lucha de ambos estaba totalmente enfocada en controlar a la población civil.

> Tuvimos una reunión con el EGP. Nos dijeron, "Mejor no van a ir a Nebaj porque el ejército está listo para matar a ustedes. Ninguno de ustedes van a ir a Nebaj". (Testimonio No. 17)

> "Ya no existe Nebaj", nos dijeron. "Está quemado igual que las aldeas. Todo quemado. No hay adónde ir. Hay que quedarse aquí". (Testimonio No. 32)

> Lo que pasa es que los EGP no quieren que vamos a Nebaj. Hubo gentes que trataban de ir a Nebaj y los EGP los colgaron por el camino a Nebaj. (Testimonio No. 38)

> Los guerrilleros nos aconsejaron: "si ustedes se van, el ejército les van a matar. Pero como yo no tenía comida y estoy enferma, al fin decidí entrar sin avisar los guerrilla. Porque si avisamos, pues, van a matar a nosotros. (Testimonio No. 28)

> Siempre estamos pensando, pensando, "¿saber dónde nos vamos?" (Testimonio No. 4)

> A veces son igual los dos. Si entramos allá, tenemos miedo allá y tenemos miedo con el otro también. Solo que los EGP no violan las mujeres porque es prohibido. (Testimonio No. 2)

Tanto para el ejército como para la guerrilla, el control de las poblaciones civiles huyendo en la montaña llegó a ser la llave de la victoria militar. La nueva campaña del ejército se llamó "fusiles y frijoles" y ofreció "amnistía" a los sobrevivientes a cambio de aceptar y participar en las Patrullas de Autodefensa Civil dirigidas por el ejército.

> Después pasó un avión y había una persona que estaba hablando en avión. Decía, "Por favor que ustedes poblaciones van a ir a Nebaj porque ahora están libres. Ya hay libertad. Ya pueden ir a Nebaj". Hablaron en ixil que ya estamos libres. (Testimonio No. 2)

Algún tiempo antes del anuncio del ejército desde el helicóptero, ya el EGP usaba la coerción para mantener a la población civil en la montaña. El EGP dijo a los ixiles de Acul que estaban desplazados en las montañas que no podían ir a Nebaj porque el ejército lo había quemado y que ya no existía Acul. Los sobrevivientes de Acul tenían razones para creer que el ejército había incendiado Nebaj porque a todos los lugares adonde iban en busca de agua y comida encontraban ixiles de Nebaj y otras aldeas huyendo de la violencia del ejército. Ixiles de otras aldeas les contaban historias que eran reflejo de la experiencia de Acul: llega el ejército, asesina a todos los que encuentra, mata y roba los animales domésticos, quema las casas, destroza la milpa. Para los sobrevivientes enfermos y hambrientos, viviendo bajo los bombardeos constantes del ejército en las montañas ixiles, parecía que no había adónde ir hasta el anuncio del ejército desde el helicóptero.

Cuando las familias en las montañas intentaron salir, el EGP les dijo que el ejército mentía y que era una trampa. Les dijeron que Nebaj no existía. Cuando las familias insistieron en salir, el EGP las acusó de ser orejas del ejército. Las familias empezaron a salir secretamente por la madrugada.

> Fuimos a Nebaj sin avisar porque si vamos a avisar lo quieren matar a nosotros porque ellos no quieren que vamos a entrar a Nebaj. (Testimonio No. 2)

A pesar de su miedo al EGP y sus dudas sobre la seguridad de entregarse al ejército, las poblaciones fueron compelidas por el hambre, la enfermedad y la desesperación a buscar su sobrevivencia en Nebaj bajo el mando del ejército.

Con el transcurso del tiempo, también hubo combatientes de la URNG que se cansaron de la vida en la montaña.

> Al fin, nosotros decidimos de ir a Nebaj. Los URNG decían, "Mejor que van a Nebaj y nosotros vamos a ir a ver lo de ustedes porque ya estamos cansados y casi no tenemos comida y ya no podemos disparar, ni hacer algo". Al fin, después uno o dos semanas en Nebaj, llegaban los hombres con sus armas. Como 10 URNG entró y no pasó nada porque fueron directamente con el ejército. No lo mataron los URNG con los ejército. (Testimonio No. 4)

> Pues yo solito, nada más solo con mi familia, yo entré porque yo estoy sufriendo por hambre en la montaña. No tenía nada de comida, ni ropa, ni nada. Entonces mejor si me van a matar el ejército, yo mejor voy a ir a Nebaj a ver qué pasa. Con mis familias allí por Nebaj. No es patrulla venía a recogernos, sino es que entramos por voluntad. (Testimonio No. 1)

> Me enfermé y tenía mucho vacío porque no es comida lo que estamos comiendo. No había nada. Decidí irme a Nebaj. Los EGP dijeron, "Vaya, si quieren ir a Nebaj, entonces ustedes tienen que ver si se mueren,

no sé". Pero el problema que tenemos es que ya no tenemos comida, ni nada para comprar aun si tuvimos dinero. Estaba yo en la montaña dos años. (Testimonio No. 11)

El ejército estaba en el camino cuando íbamos a Nebaj. Los soldados nos dicen, "No tengan miedo, ya están entrando muchos". (Testimonio No. 31)

Alrededor de finales de 1983, la mayoría de los sobrevivientes de la masacre de Acul habían dejado el hambre y terror de los ataques y bombardeos constantes del ejército en la montaña a cambio de comida bajo el mando del ejército en Nebaj, y más tarde en Acul. La mayoría de los ixiles de Acul pasaron varias semanas o meses en Nebaj después de rendirse al ejército. Hombres y mujeres fueron llevados primero al destacamento en Nebaj para ser interrogados. La mayoría de las mujeres fueron interrogadas brevemente y después liberadas. Algunas mujeres y la mayoría de los hombres fueron detenidos en la base por algunos días, algunos incluso meses. Durante ese tiempo fueron interrogados y torturados. Algunos niños (de edades de 10-12 años) fueron vestidos con uniformes militares y llevados de regreso a la montaña por el ejército y forzados, bajo tortura y amenaza de muerte, a enseñar la ubicación de los campos de las poblaciones refugiadas:

Cuando fuimos al destacamento, ya el tiempo está un poco calmado, un poco libre. Entonces, el ejército nada más preguntó a nosotros, "¿Quién los trajo?" Dijimos que "llegamos por pura voluntad". Y nos dieron comida. (Testimonio No. 14)

Éramos nosotros como 100 personas que llegó a Nebaj. Pusieron inyección en nosotros como somos bastantes de nosotros enfermos, bien graves con enfermedades, hinchados todos. Bien malo, bien enfermo llegamos a Nebaj. (Testimonio No. 17)

Entramos el destacamento. Mi esposo andaba conmigo. Lo agarró a mi esposo. Él tardó dos días en el destacamento. Al fin había un comandante de la guerrilla que estaba en destacamento y él conoce a mi esposo y sabe que a veces mi esposo colabora con los EGP. El comandante guerrillero lo dijo a mi esposo, "usted tiene que decir la verdad porque sabemos que estás colaborando con el EGP".

El ejército lo está preguntando, preguntando a mi esposo y lo maltrataron porque mi esposo no quería decir las cosas porque tenía miedo que lo iban a matar. Al fin, él los dijo todo y ellos lo dejaron salir. Pero salió bien golpeado. (Testimonio No. 33)

Cuando me entregué, me puse mi huipil bordado y mi corte y los del ejército decía, "Usted es pura guerrillera porque andaba con este bordado nuevo. De plano su esposo es puro guerrillero y vino a comprar su huipil aquí en Nebaj. Hay que decir la verdad si no, la voy a matar". Y él pusiera su arma aquí en mi cuello. Yo dije, "Ya está muerto mi esposo y si no me cree, matame". Después agarraba mi hermano y lo pegó por tres días. Lo dejaron salir pero más tarde él se murió de susto y golpes de los soldados. (Testimonio No. 28)

Yo tenía 12 años. Mi mamá estaba bien enferma. Entonces, pensamos primero voy yo a Nebaj a ver cómo está la cosa en Nebaj. Cuando llegué al destacamento, me dieron comida y me dieron ropa, uniforme y botas del ejército. Después me dijeron que tenía que llevarlos donde están las poblaciones en la montaña. No quería hacerlo y me pegaban mucho. Al fin, los llevé. Cuando llegamos, ya no están las poblaciones y me pegan bien duro. Estoy sangrando de nariz y boca. Los llevo a otro lugar y otra vez lo mismo, no están y me pegan. Al fin me llevan al destacamento de nuevo. No me dan nada de comer, ni tomar. Me quitan mi uniforme. Me quitan mis botas. Me echan afuera del destacamento. Yo les pedí las botas o algo de ropa porque no tenía nada. Solo me pateaban. (Testimonio No. 29)

El ejército nos encontró en la montaña. Nos trajeron a Nebaj en helicóptero. Pegaban mucho a mi esposo porque mi esposo tenía botas nuevas y un nuevo sombrero. "¿Donde consiguió esto? ¡Hay que decir la verdad!" Lo pegaban con sus armas, culatazos. Pusieron mi esposo en un cuarto en destacamento y no me dejaron verlo. Lo estaban pegando todo el tiempo. Estaba yo muy triste. Mi esposo y yo estamos en destacamento unos 15 días.

Un cuñado que era jefe de la patrulla hablaba con el ejército. Es que el EGP nos habían dicho que nosotros no pudimos decir nada o nos iban a matar. Mi esposo realmente no sabía nada para decir y también no hablaba castilla. Luego venía un EGP y él ayudó a mi esposo a contar su historia al ejército. El ejército quería información. "Hay que mostrar las armas. ¿Dónde están? Hay que mostrarlas". Pero mi esposo no sabía nada. (Testimonio No. 4)

> Yo llegué a buscar mi esposo en Nebaj. Fui tres veces a preguntar. Me dijeron que el ejército no agarra a gente y que yo era necia estar preguntando. La tercera vez me dijeron si yo regresara que me iban a matar si yo seguía yendo a molestarlos. A mí me asustó esto y no sabía qué hacer. Tenía miedo regresar. Fui a hablar con el alcalde y le pedí favor de hablar con el ejército. El alcalde me dijo, "Aunque somos alcaldes, nos matan también. Mejor lo que vas a hacer, porque hay muchos muertos no solo en las aldeas pero también en Nebaj, es que hay que cuidar a sus hijos y no ir al destacamento". Entonces, ya no seguía ir al destacamento y no he encontrado mi esposo. (Testimonio No. 15)
>
> El ejército llevaron mi caballo y después lo tenían en Nebaj. Cuando yo reconocí mi caballo, el oficial me dijo, "Pero es mío el caballo". Y no me lo dio. Saber dónde lo vendió. Me daba pena a mí. Era un buen caballo. Me daba lástima porque lo perdí.
>
> Cuando pregunté por mi caballo, les dije, "No estoy robando el caballo. Es mío. Por favor me va a dar mi caballo". El coronel Hilo me dijo, "Ese caballo lo perdió porque su corazón está con la guerrilla y por eso ya no es su caballo. Ahora no vas a pensar en guerrilla, ni caballo. ahora no hay nada". No me dieron mi caballo. (Testimonio No. 7)

A pocos meses de estar en Nebaj, los hombres y niños sobrevivientes, se vieron a sí mismos reconstruyendo su aldea y construyendo una carretera entre Nebaj y Acul. Este trabajo forzado realizado bajo amenazas de violencia por parte del ejército, con actos de abuso y castigo frecuentes. Los sobrevivientes de la masacre de Acul reconstruyeron su comunidad a cambio de escasas raciones de comida que les daba el ejército. No recibieron ninguna remuneración monetaria. Aunque ese trabajo forzado era obligatorio, el ejército no proporcionó las herramientas necesarias para construir la nueva carretera, ni en la reconstrucción de Acul. Los sobrevivientes las "alquilaron" de otros ixiles de Nebaj, también hambrientos, a cambio de una parte de su escasa ración de comida. Muchos sobrevivientes continuaron muriendo de enfermedades asociadas a la desnutrición y el hambre.

> Tuvimos que hacer el camino. Nos dieron un poco de maíz y un poco de frijol. Pero como yo no tenía machete ni azadón, tenía que alquilarlos. También mi esposo tenía que alquilar. Entonces, yo di algo de mi poco de maíz y frijol para alquilar el machete y azadón para poder hacer el trabajo que el ejército me mandaba hacer para que me dieran mi poco de maíz y frijol por el trabajo. (Testimonio No. 4)

Los hombres fueron organizados en las patrullas civiles bajo el mando del ejército y los soldados ocuparon su comunidad por casi dos años. Durante esa ocupación, todas las viudas de los que murieron en la masacre de 1981 fueron violadas repetidamente por soldados. En las noches los soldados fueron a las casas de las familias de niñas adolescentes para agarrar y llevar las muchachas a la base. Estas niñas fueron violadas por grupos de soldados y tiradas a la orilla del río a la mañana siguiente. Los hombres jóvenes fueron sometidos a castigos arbitrarios por parte de los soldados, eran tirados al río o recluidos en hoyos en la tierra hasta por 72 horas. Muchos de ellos fallecieron como resultado de estas torturas.

> No tarda mucho cuando regresamos a Acul que el ejército empieza a molestarnos. Todas las mujeres

> tuvimos que llevar tortillas a la base. A cada uno le tocó llevar tortillas. Casi imposible dejar las tortillas sin que un soldado o un grupo de soldados agarra una. Lo hacían a las viudas. A todas las viudas. Todo estas viudas y madres esperando sus restos de sus maridos y sus hijos, los soldados las abusaron. Todas se embarazaban. La mitad tenía hijos. La otra mitad tomó remedio. (Testimonio No. 40)
>
> Después de los golpes en el destacamento, el ejército le pegó a mi hermano otra vez cuando llegamos a Acul. Y lo metió en el hoyo por 24 horas y le echó 10 tinajas de agua encima. Le echó jabón, sal y aceite y mi hermano tuvo que tomarlo y después mi hermano está vomitando y vomitando. Lo echaron dos veces en el hoyo, dos veces en el río y lo obligaron tomar jabón, sal y aceite dos veces. Mi hermano está muy triste, muy triste. Se enfermó de susto y golpes y se murió. (Testimonio No. 28)

Estas experiencias, tal como fueron narradas por los sobrevivientes de la masacre de Acul, son corroboradas por los archivos municipales de Nebaj. La cantidad de actas levantadas en la municipalidad para hacer constar actos de violencia en contra de los pobladores civiles en la cabecera municipal y sus aldeas circundantes permaneció numerosa, no obstante la "amnistía" del ejército.

Entre 1983 y 1986, únicamente en el casco urbano de Nebaj, el Registro de Defunciones anota 88 muertes violentas. Aunque se puede argumentar que este número representa una baja significativa en relación con el del promedio anual entre 1978-81 de 156, todavía son casi seis veces más de las 5 muertes registradas en 1977, antes de que empezara la ola de terror. Es necesario destacar que estas 88 muertes no incluyen las numerosos muertes "naturales" debidas a enfermedades y otras complicaciones relacionadas con la desnutrición y el hambre, resultado de la violencia general en contra de la población.

Entre lo mucho que hay que aprender de los sobrevivientes de la violencia está que solo una disminución en el número de las violaciones de los derechos humanos no es un indicador suficiente para medir la calidad de la paz, ni del funcionamiento de la democracia después de un régimen de terror.

Cuando los sobrevivientes de la masacre en Acul regresaron a su aldea, bajo el mando del ejército, encontraron su comunidad destrozada. No había casas, ni siembras, ni animales. La iglesia en la plaza era el único edificio que quedó. La iglesia fue usada como residencia por el comandante del pelotón que ocupaba la aldea, y su mujer. Los ixiles de Acul reconstruyeron su aldea bajo la ocupación y mando del ejército. Pero sus casas no fueron reconstruidas según el diseño que tenían antes, ni del mismo tamaño.

Bajo las órdenes del ejército, las casas fueron construidas siguiendo un patrón reticular, usando cualquier terreno. Los residentes de Acul no recuperaron sus terrenos y muchas de las posteriores divisiones y rencillas en la comunidad son resultado de la distribución arbitraria de la tierra y casas hecha por parte del ejército. En 1998, los residentes de Acul describían su situación en relación con la tierra como "revuelta". La gente todavía no había recuperado sus terrenos y sus casas de hoy no están situadas en las tierras que les pertenecían antes de la masacre.

> Cuando llegaba a Acul, ya estaban construyendo casa en mi terreno. ¿Qué voy a hacer con las personas? Ya tienen casa en mi terreno, no es de ellos, es mío. Les pedí que me pagan. Me pagan sólo 40 quetzales por mi terreno. Una pena. Bastante gente ocupan terreno que no es de ellos. El ejército decidió cómo, quién y dónde. Estamos revueltos. Hay quichés. Hay ixiles. Pero casi todos sufrimos la violencia. (Testimonio No. 15)

En promedio las casas habitadas por los residentes de Acul hoy día son la mitad del tamaño de las casas en que vivían antes de la violencia y están construidas de materiales de inferior calidad: bloque de cemento y lámina. Antes de la violencia las casas de Acul estaban construidas con tablones de ciprés y los techos cubiertos con tejas. Ahora estos materiales están fuera del alcance económico de los habitantes de Acul.

Las condiciones desesperantes que esperaban a los que regresaron a Acul fueron exacerbadas por la violencia de las patrullas civiles controladas por el ejército. Los jóvenes, hombres y ancianos (de edades de 13 años hasta 70) se encontraron puestos al frente y detrás de los pelotones del ejército que patrullaban en las montañas. Los patrulleros tenían armas inferiores y cuando hubo enfrentamiento armado con las fuerzas insurgentes, los patrulleros fueron los primeros en morir porque efectivamente ellos fueron usados como escudos humanos por el ejército para proteger sus soldados del fuego guerrillero. Adicionalmente, mientras que la comida y otras provisiones fueron llevadas a los soldados por helicóptero, los patrulleros no recibieron raciones. En los primeros días de la patrulla en la montaña, los patrulleros consumieron las tortillas que habían traído con ellos. Pero, sin posibilidades de cargar más que tortillas por unos pocos días, una vez más se encontraron en la montaña colectando raíces hasta tres semanas seguidas. La mitad de su tiempo, y a veces más, los hombres tenían que patrullar al servicio del ejército. En adición a la tortura, violencia, coerción, privación de libertad, y participación obligatoria en las patrullas bajo el mando del ejército, los hombres de Acul pagaron un precio muy alto en pérdida de su tiempo que habría sido mejor usado sembrando para alimentar a sus familias y reconstruyendo su comunidad y sus vidas. Adicionalmente, los patrullajes en condiciones físicas y emocionales difíciles exacerbaron su mala condición de salud.

Para la mayoría de los hombres que patrullaron entre 1983 y 1996, las patrullas obligatorias fueron "13 años de castigo" (Testimonio No. 12). Tomando en cuenta las patrullas extendidas por hasta tres semanas durante 1983-1985 y rotaciones de tres o cuatro turnos de 24 horas cada semana (que más tarde disminuyó a un turno de 24 horas cada semana), en promedio cada uno de los patrulleros civiles de Acul dio 686 días de trabajo gratis a las patrullas civiles del ejército entre 1983 y 1996.

> Nosotros patrullamos por miedo del ejército. El ejército patrullaba con nosotros los primeros años. (Testimonio No. 12)
>
> Los jefes de patrulla son mandos. Entonces nosotros tenemos mucho miedo con ellos y lo demás gente también porque si no los hace caso, entonces te van a pegar o echar en el hoyo. (Testimonio No. 6)
>
> Le pegaron las personas allí patrullando en la montaña. Pero aquí, si una persona está enferma o no

puede patrullar, una vez lo pegaron. Los soldados les pegaron, lo pusieron en un buzón o lo tira en los hoyos. Luego, le echaron encima 10 tinajas de agua. Le tarda un día o más allí. También los echaron en el río. Aquí castigaban las personas hasta que firmaron la paz. (Testimonio No. 41)

No es justo regalando los días. El ejército recibe sueldo. Nosotros no recibimos ningún sueldo. Ojalá que explica al presidente ni un sueldo dejaron para nosotros. Ojalá que explican al presidente que nos deben algo. Nosotros ya no tenemos nada de animales, ni casa, ni nada como antes. Lo que pasa aquí es que nosotros siempre tenemos miedo. (Testimonio No. 12)

Acul era reconstruido para implantar una "aldea modelo como parte de la estrategia de "polos de desarrollo" del ejército. Aún después del retiro de los soldados de Acul a fines de 1984, la comunidad continuó altamente militarizada por las patrullas civiles. Los patrulleros siguieron llevando armas y cumpliendo las órdenes del ejército hasta la firma de la paz en diciembre de 1996 –más de 15 años después de la masacre–.

Acul fue una de las primeras "aldeas modelo" construidas por el ejército y su patrulla civil una de las últimas en desarmarse y desintegrarse. Los residentes de Acul (como comunidad y como individuos), como otros sobrevivientes de masacres en otras partes de Guatemala, todavía no han podido recuperarse de las pérdidas y traumas emocionales, físicos y materiales causados por la campaña de tierra arrasada del ejército y su programa de "polos de desarrollo".

> Hay gente que no vienen [para dar testimonio]. Dicen, "Después va a ver más muertos. El alcalde de Acul aconsejó a los pobres no venir". (Testimonio No. 15)

> El alcalde de Acul está aconsejando que no vengan la gente. Dice que ustedes van a vender los huesos y hacerse ricos. Los pastores dicen que son el Anticristo y aconsejan a la gente no dar su historia. (Testimonio No. 26)

La Fundación de Antropología Forense de Guatemala (FAFG) tuvo la buena fortuna de recibir la colaboración del alcalde de Nebaj, un líder ixil muy respetado. Él llegó a Acul para reunirse con la gente y hablar sobre la exhumación. Dijo a la comunidad, "Hay gente que dicen que los forenses son el Anticristo y que van a enriquecerse vendiendo huesos. Si fue cierto esto, todos los ixiles seríamos ricos por tantos huesos que hay por toda la área Ixil". Ese comentario hizo reír a la gente y estar de acuerdo con el alcalde. Él continuó: "Los forenses trabajan por bien, trabajan por la verdad". Después de la visita del alcalde, muchos más acules, y también pobladores de otras aldeas cercanas, llegaron a dar su testimonio sobre la violencia y sus consecuencias desastrosas, en las cuales siguen viviendo hasta hoy día.

> Los que eran los jefes de la patrulla siempre están mandando a nosotros y siempre están al lado del ejército. También los URNG cuando hay responsables que ya tienen un cargo piensa que ya son altos, que ya son grandes y los dos están mandando a nosotros o rechazan o maltratan a nosotros. Hay algunas personas que no obedecen, que no respetan, y los maltratan. Hay unos

que están muy enojados y otros están robando o están peleando solo por las mujeres. Pero aunque siempre existía esto, pensamos que por la violencia se quedan afectados. Por eso, así son las personas aquí más enojados o tristes. (Testimonio No. 6)

Siempre estoy con pena, con tristeza. Después del problema con la violencia. Ahora estoy triste como los otros. Es una pena que nos pasó esto. Por esto, no estoy bueno. Siempre estoy enfermo porque siempre recuerdo a los hijos, todos que murieron. No voy a olvidarlo, nunca. (Testimonio No. 7)

Ojalá que van a enseñar al gobierno y van a enseñar a los jefes guerrilleros, a los dos, que tiene que ver con el juicio injusto que pasó con nosotros. ¿Por qué hicieron eso? Espero que enseñan estos huesos y que los van a llevar a los jefes del ejército y los jefes de la guerrilla a ver cómo van a responder sobre el juicio injusto que pasó a nosotros. (Testimonio No. 28)

La violencia sexual como arma durante el genocidio[1]

Victoria Sanford,
Sofía Duyos y Kathleen Dill

Violación sexual como arma de genocidio

El 10 de mayo de 2013, la jueza Yassmin Barrios y su tribunal hicieron historia de relevancia mundial cuando encontraron al exdictador guatemalteco, José Efraín Ríos Montt, culpable de genocidio y crímenes en contra de la humanidad. Es la primera vez en la historia que un jefe de Estado es condenado por esos delitos en un tribunal nacional. La sentencia de 80 años fue la conclusión más justa del proceso judicial que por poco es anulado por constantes amenazas a testigos, declaraciones presidenciales denunciando el juicio y más de 100 recursos presentados por la defensa. La perseverancia, el valor y el compromiso con la construcción de un Estado de derecho por parte de los sobrevivientes, los fiscales y los jueces del tribunal fueron los que lograron impedir que el caso se paralizara.

---

1. Versión en español de Sanford, Victoria; Duyós-Alvarez, Sofía and Kathleen Dill. 2016. "Women as State Targets: Systematic Gender Violence during the Guatemalan Genocide", en Sanford, Victoria, Katerina Stefatos y Cecilia Salvi (Eds.), *Gender Violence in Peace and War: States of Complicity*, New Brunswick, NJ: Rutgers University Press (traducción de Bertha Hurtado-Koodrin).

Sin embargo, diez días después la corrupta Corte de Constitucionalidad anuló el veredicto por razones técnicas.[2] A pesar de ello, la sentencia de genocidio es un momento histórico inolvidable en la lucha por la justicia en Guatemala. Además, fue la primera vez que un tribunal guatemalteco reconoció la violación y la tortura sistemática a la que fueron sometidas las mujeres mayas durante el gobierno terrorista de Ríos Montt.

A principios de mayo de 2013, el tribunal escuchó a 102 testigos (94 por la parte acusadora y 8 por la defensa) y 68 testimonios de expertos. Los nueve abogados de la defensa utilizaron todas las tácticas posibles para evitar llegar a la etapa de sentencia, presentando más de 100 apelaciones distintas. A medida que el juicio avanzaba, los guatemaltecos se informaron del juicio por diversos medios de comunicación, prensa impresa, televisión, radio e Internet. Los testimonios de los sobrevivientes llegaron a los hogares de muchos guatemaltecos, que pudieron aprender sobre la violencia del Estado criminal que destruyó miles de vidas y familias, y en cientos de casos aniquilaron por completo a comunidades mayas.[3]

Así como el genocidio, el uso de violencia sexual organizada por parte del estado era un secreto público.

---

2. La Corte de Constitucionalidad anuló la sentencia y ordenó que se reiniciara el juicio desde el 19 de abril de 2013, cuando el juzgado de primera instancia pidió la suspensión del juicio debido a las apelaciones presentadas por la defensa y no resueltas. Ver "El juicio de genocidio de Guatemala", Kate Doyle, *The Nation*, 22 de mayo, 2013.

3. La CEH documentó 626 masacres en pueblos mayas por parte del ejército.

Aunque el enfoque principal del caso judicial no fue ese, durante mucho tiempo la información había estado disponible por medio de informes de derechos humanos, testimonios de sobrevivientes y los informes de la comisión de la verdad. Tanto la Comisión para el Esclarecimiento Histórico (CEH 1999) y el proyecto *"Nunca más"* de la Iglesia Católica (REMHI 1998) documentaron lo que el ejército sistemáticamente organizó la violencia sexual como arma de contrainsurgencia. El alto mando envuelto con impunidad por la negación oficial, ordenó violencia sexual. El ejército y sus agentes cometieron el 99% de los casos de violación registrados por la CEH (1999, vol. 2: 19). De los 1.465 casos de violación reportados (CEH 1999, vol. 2: 23), un tercio de las víctimas eran niñas menores de edad (CEH 1999, vol. 2: 23).[4] Las mujeres sobrevivientes tuvieron que lidiar con las consecuencias físicas y psicológicas, incluyendo embarazo y enfermedades de transmisión sexual, además del estigma social que arrastra las víctimas de violación (REMHI 1998, vol. 2: 210).

Mientras las mujeres que fueron testigos relataban en detalle la forma en que fueron violadas por los soldados del ejército, las mujeres indígenas observaban el juicio cubriéndose con chales sus cabezas como una demostración de solidaridad. Elena de Paz

4. Basándonos en nuestra experiencia de campo y conversaciones con colegas, asumimos que la violencia sexual en contra de hombres y mujeres no fueron reportados en su totalidad. Ver "Theidon, Kimberly. Forthcoming. "A greater Measure of Justice: Gender, Violence and Reparations". En *Mapping Feminist Anthropology in the Twenty-First Century*, Leni Silverstein y Ellen Lewin, Eds. Rutgers University Press.

Santiago, testigo, le describió en detalle a la corte lo que los soldados le hicieron cuando era una niña en la base militar:

> Tenía 12 años cuando a la fuerza fui llevada a la base militar con otras mujeres. Los soldados ataron mis manos y pies... me pusieron un trapo en la boca... y procedieron a violarme... no recuerdo cuantos soldados se turnaron en violarme... perdí el conocimiento y brotaba sangre de mi cuerpo. Cuando regrese en sí, no pude pararme... (Sentencia por Genocidio 2014, 514).

El hecho que en el juicio se llamara a la Sra. De Paz Santiago y otras mujeres como testigos, y que sus testimonios confirmaran que la violencia sexual fue utilizada sistemáticamente como estrategia de genocidio, demuestra un fenómeno relativamente nuevo en la práctica de derecho internacional.

Durante mucho tiempo, la violencia sexual fue referida como un resultado desafortunado de guerra en la que los hombres fueron colocados en circunstancias extraordinarias y como resultado provocaron una conducta aberrante. Esta teoría ya no es considerada una teoría sostenible. El trabajo de la Corte Penal Internacional, el Informe Especial sobre la Violencia Contra las Mujeres de las Naciones Unidas, Educadoras feministas y defensores de los derechos humanos han hecho mucho para replantear el tema en cuestión. Este movimiento conceptual fue claramente expresado por el Informe Especial sobre la Violencia Contra las Mujeres de las Naciones Unidas quienes en el año 2009 reportaron estudios de violación en la época de guerra. "... consecuentemente demostraron que la violencia sexual no fue consecuencia de la guerra, pero los cuerpos de las mujeres son una importante muestra de guerra, que hace la violencia sexual una parte integral de la estrategia en los tiempos de guerra" (Ertürk 2009).

Planeando un genocidio

Cuando los argumentos orales del juicio de genocidio en el año 2013 llegaron a la conclusión, Ríos-Montt, de 86 años exigió hablar, rompiendo el silencio que había tenido desde el inicio del juicio. Lejos de mostrar algún remordimiento por el genocidio cometido durante su régimen, el declaró: "Yo nunca autoricé, Yo nunca propuse, Yo nunca ordené actos contra ningún grupo étnico o religioso" (Burt 2013). También negó que comandó tropas armadas, a pesar de liderar la "junta" que entró al poder a través del golpe militar en marzo de 1982. Luego aceptó que su rol fue solamente administrativo. Como el juicio de Eichmann probó, el hecho de papeleo administrativo no lo exime de responsabilidad (Arendt 2006). Aun, Ríos-Montt era mucho más que un administrador; él tuvo la responsabilidad de haber dirigido una organización militar vertical (Sanford 2014). Como presidente *de facto* de Guatemala, Ríos Montt inició el genocidio empezando con propaganda en contra los indígenas mayas y cualquier otro guatemalteco que se atreviera a cuestionar la represión, la desigualdad y la pobreza.

Siguiendo los auspicios de EE.UU., el derrocamiento del presidente demócrata electo, Jacobo Árbenz en 1954, sucesivos gobiernos militares pelearon en contra "del enemigo interno" como fue definido en la era anticomunista de la Doctrina Nacional de Seguridad por la 'Guerra Fría' de Estados Unidos. El gobierno de Guatemala aplicó la Doctrina para justificar la eliminación de cualquier persona que desafiara el régimen trayendo cambios sociopolíticos a la nación - no era necesario llevar un arma para ser el blanco. De acuerdo con la comisión de la verdad de Guatemala (CEH 1999): "El concepto ambiguo del enemigo utilizado por el Estado fue relanzado con particular violencia e intensidad en los ochenta, e incluye no solo a esos activistas buscando cambiar el orden establecido, sino también a aquellos que potencialmente decidieran apoyar la lucha en algún momento en el futuro".[5] Las víctimas de la Doctrina incluyen hombres, mujeres y niños de todos los estratos sociales: trabajadores, profesionales, líderes religiosos y obreros, políticos, campesinos, estudiantes y académicos; en los términos étnicos la vasta mayoría de víctimas eran mayas.[6] Una vez que las fuerzas de seguridad habían destruido la disidencia de las bases sociales en la ciudad y asesinado a los líderes de las comunidades rurales, la máquina de guerra establece su atención en las comunidades mayas.

El anticomunismo fusionado con estructuras patriarcales y viejos prejuicios en contra de los mayas produjo un clima maduro para la deshumanización de la población definida como objetivo militar. La fusión de la identidad maya con la insurgencia guerrillera fue exagerada por la dictadura con la intención de implementar una supuesta afinidad maya/guerrillera para justificar la eliminación de los miembros presentes y futuros de la población maya. La ideología genocida

5. Comisión Esclarecimiento Histórico (CEH), epígrafe 1947.

6. CEH, epígrafe 15.

reconocía que la pobreza y explotación de los mayas haría que estos se uniesen a las guerrillas en sus demandas por la justicia social, y entonces el ejército perdería la guerra.[7]

Cuando una *población* es clasificada como enemiga, las mujeres se convierten en objetivos primarios para el abuso sexual más que un "daño colateral". Las mujeres son reconocidas como "reproductoras" en ambos sentidos tanto en el término biológico como en el socioeconómico (Meyer 2003, 126). Aunque el trabajo de la mujer está mal valorado por la población general, los analistas entienden que esto es esencial, especialmente durante tiempos de crisis (Sen y Grown 1987). Porque la violencia sexual marchita la habilidad de las mujeres a desarrollar para sus roles, los analistas militares saben que cuando la meta es desestabilizar o destruir una población, el atacar a las mujeres les ayudará a alcanzar esa meta.[8]

Hay otra razón importante por la que cuando una población es el objetivo, la violencia sexual contra las mujeres es considerada militarmente ventajosa. A pesar del hecho de que el delito es cometido contra las mujeres, los hombres experimentan su incapacidad de protegerlas como una humillación desmoralizadora y se percibe como un ataque en *su* propio poder y dignidad. La violencia sexual contra las mujeres cometida por un ejército invasor, es un símbolo fuerte con la clara intención de demostrar la victoria sobre la

7. CEH: Op. Cit., CAPÍTULO Cuarto, pág. 29, epígrafe 31.

8. A la inversa, cuando el objetivo es eliminar objetivos individuales sin desestabilizar o alienar a la comunidad, los líderes militares tienen un incentivo para que sus tropas eviten perpetrar violencia sexual.

oposición. Como Radhika Coomaraswamy dice: "Es una batalla entre hombres que se libra sobre los cuerpos de las mujeres" (Ertürk 2009, 15).

Así, el Estado guatemalteco inició una campaña dirigida no solamente a destruir las comunidades que se oponen, sino también a dañar los órganos reproductores y degradar la situación sociocultural de las mujeres mayas. Documentos del ejército filtrados (y auténticos) se refieren a las mujeres ixiles como "cucarachas" y a los niños como "chocolates" (Dada 2014). Ya bajo estas conceptualizaciones, el desplazamiento forzado, la violación organizada de mujeres y niñas, la masacre sistemática de hombres desarmados, mujeres y niños, y el incendio de cientos de pueblos se redujo a una simple orden: "maten a las cucarachas y no dejen chocolates (Ibid).

Entrenando a los soldados a violar

Cynthia Enlöe nos recuerda que históricamente la violación ha brindado recompensa libre de costo para soldados y colaboradores, convirtiendo a las mujeres jóvenes capturadas como "botín de guerra" (Enlöe 2000). Sin embargo, cuando la violación es usada como arma de genocidio, hay más que la pérdida de las mujeres en las fuerzas conquistadoras. Bajo la dirección de Ríos Montt, y simultáneamente con el ejército identificaron a la población maya como el enemigo *y* estipularon que los soldados tuvieran contacto sexual con las mujeres. Operaciones psicológicas para las tropas incluyeron "zonas recreacionales designadas al mantenimiento del espíritu de lucha del soldado", que demostró "contacto con el sexo femenino".[9] Los planes militares incluían contacto sexual por parte de los soldados como parte de su "descanso y recreación" porque al normalizar la violación, controlaban a los soldados.

Según los testimonios recibidos por la CEH, las mujeres que fueron utilizadas para acostumbrar a los soldados a violarlas, eran prostitutas: "El Ejército llevaba prostitutas a los soldados, las que primero pasaban por el teniente antes de ser llevadas al resto de soldados". Los documentos de la CEH que identificaban a las mujeres como "prostitutas o putas fueron pasadas del teniente a todo el resto de soldados por toda una semana". Luego, la CEH reporta que "algunos [soldados] pasaban hasta 10 veces". Cabe también anotar que el ejército "cambiaba" de mujeres cada tres meses (CEH 1999, vol. 2: 27).

La CEH, en la replicación del léxico, es chocantemente pasiva y vaga en reportar la violencia sexual, utilizando el término "dar pase" en lugar de violación. Falla en identificar la impunidad absoluta en la que operaba el ejército, y al hacerlo, la magnitud total de violencia sexual en contra de las mujeres. La CEH falla en especificar la violencia sexual en la que esas mujeres estaban sujetas, a pesar de saber que el ejército traía un nuevo grupo cada tres meses, que sugiere el nivel de agresión física y psicológica experimentada por esas mujeres. Quizá uno de los legados del genocidio, es que aun buscando en las crónicas de la verdad de lo inimaginable puede caer víctima de ese doble discurso, un fenómeno que Marguerite Feitlowitz refiere como "Un léxico de terror" en su trabajo magistral del mismo título

9. Plan Victoria 82, Apéndice B.

(Feitlowitz 1999). Lo que es cierto, es que este "entrenamiento" produjo el resultado esperado.

Las mujeres mayas sobrevivientes entrevistadas por las autoras en cuatro diferentes departamentos de Guatemala, reportaron que fueron seleccionadas por oficiales del ejército para proveer el servicio de entrega de tortillas diariamente. Esto se entendía que ellas serian violadas al hacer la entrega a la base del ejército, pero las mujeres iban pensando que era una forma de proteger a sus hijas del mismo destino. En Rabinal, las mujeres fueron forzadas a rotar en la base militar. Gilberta Iboy[10] describió ser parte de ese grupo cautivo:

> Hubo mucho temor, pero la necesidad de tener que ir a la plaza [en Rabinal] porque ellos no le daban permiso a los hombres para dejar el pueblo. En Rabinal, los soldados nos capturaron y nos llevaron al puesto militar. Nos asaltaron... Nos mantuvieron por una semana y luego nos dejaron ir (Dill 2004).

Tomasa Toj[11] estaba todavía imposibilitada de hablar acerca de lo que le pasó:

> Nos mantuvieron en el puesto militar por veinticinco días. Estuvimos con otras mujeres jóvenes de otros pueblos. Los soldados violaron a las mujeres y otras terminaron embarazadas... [La entrevista terminó ahí porque las mujeres no podían continuar] (Dill 2004).

Dado a que junto con otras mujeres del pueblo, Gilberta fue capturada por una semana y Tomasa por

10. Seudónimo.

11. Seudónimo.

veinticinco días, sus testimonios sugieren fuertemente que las mujeres previamente identificadas por la CEH como "prostitutas" también fueron raptadas y capturadas como esclavas sexuales en las bases militares.

Un exoficial G-2 (inteligencia del ejército) relató violaciones a los investigadores del REMHI, dejando en claro la forma en que los oficiales superiores organizaban la violencia sexual masiva:

> Alguno de los hombres vinieron y dijeron "¿Vamos, no quieres agarrar culo?" Pensé, "Wow, ¿así nomás?" Uno de ellos me dijo, "Hay algunas chicas y las estamos cogiendo". Yo respondí, "Ya veremos". Había solamente dos muchachas. Ellas eran prisioneras. Los hombres dijeron que eran guerrilleras, ¿verdad? Y luego ellos las violaron masivamente. Cuando yo llegué, recuerdo que había una línea de 35 soldados o más esperando su turno. Ellos primero las rodeaban y luego las violaban. Uno se iba y otro *entraba* [énfasis propio]. Luego ese soldado se iba otro *entraba* [énfasis propio]. Yo calculo que esas pobres mujeres fueron violadas por 300 soldados o quizá más. El Sargento Soto García las capturó. Él era un mal hombre. Él quería cualquier mujer que encontraba y le gustaba violarlas porque sabía que igual las íbamos a matar (REMHI, vol. 3: 212-213).

El oficial G-2 explicó como la violación grupal fue planeada para reducir la propagación de las enfermedades de transmisión sexual entre las tropas. En otra ocasión, algunos 70 hombres habían violado a una mujer y otros la habían violado dos a tres veces:

> Había algunos soldados que estaban enfermos con gonorrea y sífilis, así el Teniente les ordenó a que

> *pasaran* [énfasis propio] cuando los demás hubieran terminado (REMHI vol. 2: 213-214).

Los soldados guatemaltecos fueron entrenados para pensar en violación grupal como un ejercicio para unificar a las tropas y también como un arma efectiva para el exterminio de los enemigos civiles. Debido a que las tropas no estaban dirigidas a enfrentar a una insurgencia armada, sino a aniquilar pueblos, el ejército necesitaba deshumanizar a los soldados, así como también a sus posibles víctimas. El *Manual de guerra contrainsurgente* indica: "El soldado, normalmente tiene una gran aversión contra operaciones tipo policial y medidas represivas contra las mujeres, niños y enfermos civiles, a menos que el individuo esté extremadamente bien adoctrinado en las necesidades de estas operaciones".[12] Un sobreviviente testificó a la comisión de la verdad:

> Había siempre violaciones dentro de las bases militares... algunas veces por elección de los [soldados], otras veces por órdenes [de superiores]. Ellos dirían: 'Tenemos que romperle el culo a estas putas' o aún peores cosas.[13]

El ejército preparó a sus soldados exponiéndolos a crueldad, tortura y manipulación psicológica. Una vez bajada la guardia y la sed de sangre establecida, los soldados fueron enseñados que las comunidades enteras eran "caldo de cultivo" para los subversivos. Este proceso aseguraría que aquellos soldados totalmente adoctrinados llevarían a cabo ataques abomina-

12. *Manual de guerra contrainsurgente*, Anexo A, página 10.

13. CEH: Ob. Cit. Testigo CEH. (T.C. 53).

bles a las mujeres, niños, personas mayores y con discapacidad, a menudo en presencia de sus familiares –mientras aquellos que se quedaban horrorizados por la violencia tenían demasiado miedo para desobedecer las órdenes.

Los cuerpos de las mujeres se convirtieron en objetivos militares porque para el ejército eran la fuente de la cual surgían los nuevos "subversivos". Jean Franco recopila algunos de los momentos más horrorosos de los testimonios de violación de la CEH en Guatemala: "... las mujeres fueron mutiladas, sus senos o abdomen cortados, y si ellas estaban embarazadas, los fetos eran desgarrados en sus vientres. En un caso, los senos de una mujer fueron cortados después de ser violada y sus ojos fueron extraídos. Su cuerpo fue colgado en un poste con un palo en su vagina" (Franco 2007, 39). Franco concluye: "tal ferocidad puede ser solamente explicada en base a que las mujeres representaban una poderosa amenaza" (Ibid, 27).

Conquistadores de tiempos modernos

Los fiscales del juicio de Ríos Montt se concentraron en la evidencia de violación de Estado en contra de los ixiles; sin embargo, la campaña genocida del ejército no fue limitada a esa región o ese grupo etnolingüístico. Los sobrevivientes y testigos de la violación confirmaron que era común en los pueblos mayas en todo el país, ver que el ejército estaba cometiendo masacres y los soldados estaban violando a las mujeres. Eso quiere decir que la violación sistemática era un "secreto público" compartido por los residentes del pueblo y del ejército que lo ocupaba. Pero en el contexto de impunidad militar, aunque el silencio no garantizaba salvar sus vidas, el hablar al respecto sin duda acabaría con ella. Esto subraya el poder y la autoridad con la que las agresiones sexuales fueron desplegadas por el ejército.

El poder en Guatemala es un fenómeno racial y un símbolo de superioridad del hombre blanco y ladino sobre los mayas y fue un catalizador de la violencia genocida. Del mismo modo en que el racismo es la llave para poder entender la furia con la que los planes militares de Ríos Montt fueron llevados a cabo en contra de cientos de comunidades mayas por todo el país, la ideología patriarcal resultó en una espiral misógina de violencia en contra de las mujeres. Dentro de esta rúbrica patriarcal racista, las mujeres mayas fueron denominadas como "propiedad" enemiga merecedoras de una destrucción cruel. Así, el ejército violó y torturó a mujeres con la misma ferocidad con la prendían fuego a los campos sagrados de maíz, a las casas y masacraban a los animales, aterrorizando a los sobrevivientes aún más con estos signos de destrucción (Sanford 2003).

El Estado logró varios objetivos al recrear y reafirmar las relaciones históricas en las que la mujer indígena era propiedad de, y por lo tanto subordinada al poder masculino ladino. En 1999, la CEH concluyó lo siguiente: "las masacres, las operaciones de tierra arrasada, las desapariciones forzadas y las ejecuciones de autoridades mayas, líderes y guías espirituales, estaban destinadas no solo a destruir la base social de las guerrillas, sino sobre todo a desintegrar los valores culturales que aseguraban una cohesión de acción colectiva por parte de las comunidades".[14]

Michelle Leiby utiliza data adquirida por reportes de la comisión de la verdad para comparar el uso de violencia sexual por parte del ejército en Guatemala y Perú (Leiby 2009). Ella señala que en el caso de Guatemala, existe una relación directa entre las amenazas percibidas al Estado y el número de violaciones cometidas por los soldados. A pesar de que la guerra continuó hasta diciembre de 1996, solo el 11% de violaciones sexuales ocurrieron después de 1984, cuando estaba claro que la URNG había sido derrotada eficazmente (Ibid, 460). Leiby cita testimonios de soldados que demostraron que la violación, en particular violación grupal era parte integral de la estrategia del ejército, así como también el violento asesinato de los "subversivos":

> El comandante tiene a su grupo de asesinos y él les dice como tienen que matar: Hoy van a decapitar o colgar; hoy van a violar a todas las mujeres. Muchas veces les daban órdenes a los soldados antes de salir... También se les ordenó hacer la "percha"... donde 20 ó 30 soldados violaban a una mujer soltera (Ibid, 459).

Otras fuentes militares afirmaron que en el caso que los soldados dudaran de violar serian reprendidos por sus superiores, y los que se negaran a violar serían castigados (Ibid, 459).

Basándose en su análisis, Leiby concluye que mientras en Perú atacaron a guerrilleros o sospechosos u otros oponentes del Estado: "la violencia sexual en Guatemala fue un instrumento explícito de la represión,

14. CEH: Op. Cit., Capítulo Cuarto, pág. 29, epígrafe 32.

implementada de manera indiscriminada en contra de los campesinos indígenas. Las víctimas no fueron castigadas por unirse a la insurgencia. Las víctimas no fueron interrogadas para adquirir información. En vez, utilizaron la violencia sexual para propagar miedo y terror a todas las 'comunidades de interés'" (Ibid, 466).

En consecuencia, ser mujer maya –el corazón de la comunidad de interés– era estar a la merced de un ejército implacable. Juan Sis[15] describió lo que ocurrió cuando el ejército rodeó su asentamiento cerca de la aldea de Chichupac, Rabinal:

> Los soldados nos capturaron y nos ataron. Nos hicieron marchar hacia Chichupac y luego nos asaltaron. Nos amenazaron y acusaron de ser guerrilleros y violaron a las mujeres. Lo mismo ocurrió en la comunidad de Xesiguán. Violaron a las mujeres de la comunidad y mandaron a otras a bases militares [en Rabinal] donde las violaron. Los soldados no tenían respeto a nadie (Dill 2004).

Al mismo tiempo, el ejército manipuló y adoctrinó a colaboradores mayas para que participaran en el ataque en contra de sus propias comunidades. Dorotea Chen[16] de Buena Vista, Rabinal, fue violada por hombres mayas de pueblos vecinos. Los violadores eran miembros de la milicia instituida por el ejército y conocidos como "la patrulla civil" (PAC). El Estado reclutó a hombres mayas a la fuerza para que se enlistaran en las PAC y se extendieran en cada municipio indígena del país. Así como los soldados enlistados,

15. Seudónimo.

16. Seudónimo.

miembros de las PAC fueron tratados brutalmente y amenazados de muerte si no seguían las órdenes. Algunos hombres indígenas huyeron a las montañas para evitar tener que prestar servicio a las PAC. Algunos se quedaron atrás y vieron horrorizados lo que fueron obligados a hacer, mientras que otros estaban ansiosos de tomar ventaja de su nuevo poder e impunidad:

> EL PAC de Xococ llegó aquí y arrastrando a las jóvenes de sus casas se las llevaron a Xococ donde las violaron. Después, las mandaban de regreso a casa, pero siempre regresaban [por más] cada cierto tiempo. Una gran parte de las mujeres acá han sido violadas (Dill 2004).

En casi todos los casos de violación masiva y organizada por el ejército y sus aliados se llevaron a cabo en comunidades rurales mayas, especialmente durante el pico de la violencia entre 1980 y 1993 (CEH 1999). El despliegue sistemático de violencia sexual por parte del ejército durante el genocidio devastó a víctimas individualmente así como también a los grupos indígenas a los que pertenecían. De los 21 grupos etnolingüísticos mayas en Guatemala, las comunidades K'iche, Kanjob'al, Mam, Kekchi, Ixil, Kaqchikel y Chuj, por lo general, eran con más frecuencia las víctimas de violación masiva o fueron las más registradas por los observadores de los derechos humanos. Como investigadores que trabajaron con Kanjob'al, K'iche, Kakchikel, Akateco, Achi, Mam, Ixil y comunidades Tz'ujil, hemos encontrado que la violación de las mujeres mayas fue con la intención de aterrorizar, subyugar, debilitar y desmoralizar a poblaciones enteras. No hemos encontrado un departamento en Guatemala donde las mujeres no fueron violadas.

La economía política de la violación

Además del espectáculo desmoralizador de poder e impunidad que el "secreto público" de violaciones masivas proporcionó, alentando y promocionando la violación como estrategia militar, el Estado guatemalteco también logró algunas metas económicas. Con base en una investigación realizada en Ruanda y Mozambique, Meredeth Turshen argumenta: "En las guerras civiles, los ejércitos utilizan la violación sistemática para despojar a las mujeres de sus bienes económicos y políticos. Los bienes de las mujeres residen primeramente en su fuerza laboral y reproductividad, segundo, en sus posesiones y acceso a bienes de valor como la tierra y el ganado" (Turshen 2001, 1).

En Rabinal, las familias que vivían en la cuenca del río Chixoy, fueron el objetivo de violencia porque el Estado quería las tierras para una represa hidroeléctrica financiada por el Banco Mundial (Johnston 2010). No es de extrañar entonces, al enterarse que los primeros casos de violación masiva en esa municipalidad ocurrieron en las aldeas situadas a orillas o cerca del río. Hermenegildo Cuxum,[17] un hombre de Canchún, Rabinal recuerda:

> En marzo de 1980, los soldados asesinaron a tres hombres de Canchún, quienes estaban visitando a la comunidad cercana de Río Negro. Uno de los hombres fue disparado en la mano, pero pudo escapar y regresar a la aldea. Luego, más tropas llegaron. Trescientos soldados ingresaron a Canchún demandando información de las guerrillas y amenazando a la comunidad.

17. Seudónimo.

> Esta vez, los soldados violaron a cinco mujeres y a cinco niñas antes de partir. Sabíamos que teníamos que huir a las montañas para salvar nuestras vidas, pero dos ancianas no pudieron ir con nosotros. El cuerpo de una de las ancianas temblaba mucho y la otra anciana era ciega [así que tuvimos que dejarlas atrás]. Cuando regresamos a la aldea, descubrimos que los soldados las habían matado de una manera salvaje e incomprensible (Dill 2004).

Al otro lado de la sierra indígena de Guatemala, donde el ejército desplazaba a las comunidades mayas, las mujeres fueron violadas, durante las masacres mientras arrasaron con las aldeas, en edificios públicos e iglesias que fueron convertidas en centros de detención del ejército, en bases militares, en las llamadas "aldeas modelos" donde el ejército a la fuerza concentraba a los sobrevivientes de las masacres.[18] Para muchas mujeres mayas, la violación y consecuentemente la pérdida de su forma de vida definió como experimentaron la guerra.

Observaciones finales

El genocidio es un tipo de violencia que incorpora todo. Como investigadores, es imposible transmitir con exactitud el sufrimiento humano experimentado por sus víctimas. A menudo nos vemos obligados a reducir la información en forma de una lista. Así mismo, sabemos que el genocidio en Guatemala cobró la vida de unos 200 mil civiles, 50 mil fueron desapa-

---

18. CEH: Ob. Cit. Testigo CEH. (T.C. 53).

recidas, 626 aldeas fueron aniquiladas, 1.5 millones de personas fueron desplazadas y 150 mil huyeron a refugiarse a México (CEH 1999). Pero no sabemos cuántas mujeres y niñas fueron violadas, cuántas fueron secuestradas por los militares y obligadas a ser esclavas sexuales, cuántas parieron hijos producto de la violación sexual, o cuántas sufrieron enfermedades venéreas transmitidas durante la violación(es). A pesar de los avances reales de la ley internacional, el progreso del proceso de enjuiciamiento de estos delitos es muy poco.

En este capítulo, hemos tocado varias formas en el que el ejército usó la violación: aterrorizar a la población maya, desestabilizar el rol reproductivo de las mujeres, desmoralizar al enemigo, proporcionar soldados con el botín de guerra y capacitarlos para cometer actos híper-violentos, usurpar la tierra y reafirmar las relaciones históricas de poder entre la elite y los mayas. Jelke Boesten explica los diferentes tipos e intenciones de la violación sexual durante la guerra en un análisis al que se refiere como "régimen de violaciones" (Boesten 2014). Debido a que su estudio se concentra en Perú, que al igual que Guatemala es un país con una gran población indígena, Boesten también reconoce que la violencia sexual puede ser utilizada para volver a inscribir jerarquías socioeconómicas raciales presentes en tiempos de paz. Durante el régimen de Ríos Montt, la violación sistematizada de las mujeres mayas fue un arma de genocidio cuyo propósito fue romper a las comunidades mayas emergentes.

El 10 de Mayo del 2013, José Efraín Ríos Montt fue condenado a la pena máxima de 50 años de cárcel por genocidio y 30 años por crímenes en contra de la humanidad. El tribunal determinó que el racismo jugó un papel muy importante en la ejecución de los actos de barbarie y ordenó la elaboración de medidas concretas para proporcionar una reparación digna a las víctimas. Una de ellas fue para el entonces presidente de Guatemala (Otto Pérez Molina, quien era comandante en Nebaj durante el genocidio y también estaba implicado en el genocidio de ixiles) y varios ministros que pidieron perdón al pueblo Ixil y en especial a las mujeres por haber sufrido los actos de genocidio y violencia sexual. El veredicto ofreció justicia mínima a los sobrevivientes y vieron la posibilidad que la sociedad guatemalteca pueda reconciliarse con su propia historia de exclusión racial y genocidio.

Sin embargo, la élite guatemalteca retomó rápidamente el control. El 20 de mayo del 2013, el tribunal constitucional anuló la sentencia con el pretexto de irregularidades durante el proceso. En febrero de 2014, el mismo tribunal dictaminó que la señora Claudia Paz y Paz, fiscal general, quien acuso a Ríos Montt, debía ser removida de su puesto seis meses antes. Luego, en abril de 2014, el Colegio de Abogados de Guatemala suspendió a la jueza Yasmín Barrios. Ella pudo defenderse y le reanudaron la práctica, pero estas maniobras descaradamente corruptas brindan una calidad kafkiana al estado de gobernabilidad en Guatemala y hacen recordar a todos que el imperio de la ley aún no se ha establecido.

La responsabilidad de mando

El genocidio como plan militar del ejército de Guatemala durante las dictaduras de los generales Lucas García, Ríos Montt y Mejía Víctores[1]

Durante el mandato del general Efraín Ríos Montt, que llegó al poder por medio de un golpe de Estado militar el 23 de marzo de 1982, las fuerzas armadas de Guatemala, y las estructuras clandestinas relacionadas con ellas, tuvieron un mismo patrón y prácticas de tortura, detenciones arbitrarias, ejecuciones extrajudiciales y graves violaciones de los derechos humanos. Estos patrones y prácticas que se iniciaron bajo al mando del general Romeo Lucas García, se aceleraron

1. Ver Sanford. Victoria. 2014. "Command Responsibility and the Guatemalan Genocide: Genocide as a Military Plan of the Guatemalan Army under the Dictatorships of Generals Lucas Garcia, Ríos Montt, and Mejia Victores", Genocide Studies International 8, 1 (Spring 2014): 86–101.

y fueron institucionalizadas en la práctica del genocidio bajo el régimen de Ríos Montt. Significó pasar de las masacres selectivas de hombres civiles, mujeres, niños y ancianos a las masacres masivas de pueblos enteros. Bajo el régimen de Ríos Montt el genocidio alcanzó su cúspide en junio de 1982, en el tercer mes de su gobierno.

Durante su gobierno –del 23 de marzo de 1982 al 8 de agosto de 1983–, el general Ríos Montt (como el general Lucas García antes y el general Mejía Víctores después) tuvo el control decisivo de las fuerzas armadas. Específicamente, Ríos Montt era el jefe máximo del Ejército, fuerza aérea, fuerza naval, la policía nacional, unidades paramilitares, las patrullas civiles (PAC), y sus estructuras clandestinas. Documentos desclasificados de la Agencia Central de Inteligencia de Estados Unidos (CIA) indican que el genocidio comenzó durante el régimen del general Romeo Lucas García y se intensificó durante la dictadura de Ríos Montt.[2] Además, el genocidio continuó luego de que el general Oscar Mejía Víctores asumiera el poder el 8 de agosto de 1983.[3] Durante estos tres diferentes regímenes militares, el ejército guatemalteco obedeció a una estructura monolítica y vertical de control que se mantuvo, a pesar de los cambios en la conducción general del ejército por los generales Lucas García, Ríos Montt y Mejía Víctores. Un indicio de esta cadena ininterrumpida de mando es el papel con-

2. Ver CIA, April 1981; CIA, February 1982; DCIWatch February 1982; CIA February 1983; US Dept. State Oct.5, 1981; US Dept of State 1982; CIA February 1983.

3. Mejía Víctores docs.

tinuo del general Héctor Mario López Fuentes, como subjefe y jefe del Estado Mayor de la Defensa Nacional.

A lo largo de los regímenes militares de los generales Lucas García, Ríos Montt y Mejía Víctores, las fuerzas armadas fueron responsables de la inmensa mayoría de violaciones de derechos humanos.[4] En esta sección, voy a demostrar que el general Efraín Ríos Montt se encontraba en el control del gobierno de Guatemala y que tenía el control efectivo de las fuerzas armadas. Él era el jefe del Estado *de jure* y *de facto*. Las atrocidades cometidas durante su dictadura no fueron hechos al azar en la penumbra de la guerra, y tampoco fueron el resultado de acciones de agentes corruptos que operaran al margen de la estructura de mando. Por el contrario, las violaciones masivas de los derechos humanos y el genocidio fueron cometidos por orden del alto mando del ejército, contando para ello con una jerarquía militar firme y sin fisuras para la toma de decisiones e implementación de las órdenes. El general Ríos Montt (como Lucas García y Mejía Víctores) sabía o debía haber sabido acerca de esos graves abusos. Él falló en prevenir o sancionar a los responsables por los asesinatos y otras graves violaciones de derechos humanos. En concreto, hay muchos pasos que el general Efraín Ríos Montt pudo tomar para detener los asesinatos y la brutalidad. En cambio, continuó con su campaña genocida, mientras culpaba a la guerrilla por la violencia del ejército o justificaba la violencia del ejército en el nombre del anticomunismo.

Aunque este capítulo se centrará en la implementación exitosa de la estrategia genocida del general Ríos

4. La CEH atribuyó el 93% de las violaciones a los derechos humanos a el ejército y sus agentes, CEH 1999.

Montt desde las matanzas masivas de las aldeas indígenas a la destrucción casi total de las comunidades mayas, también incluiré algo de la información pertinente sobre el papel de los generales Lucas García, Mejía Víctores y otros en el genocidio y otros crímenes contra la humanidad, incluida la tortura, las detenciones arbitrarias, ejecuciones extrajudiciales y otras graves violaciones de los derechos humanos.

Efraín Ríos Montt: su formación y carrera militar

El general Efraín Ríos Montt fue entrenado para servir como jefe máximo de las fuerzas armadas de Guatemala y para transmitir órdenes en la estructura de cadena vertical de mando del ejército de Guatemala. Recibió entrenamiento en infantería básica, mecánica de motores y armamento pesado en la Escuela de las Américas del Ejército de Estados Unidos en la Zona del Canal de Panamá en 1950. En la década de 1950, sirvió en el ejército de Guatemala como jefe de pelotón de fusileros, instructor de la academia militar, profesor de la academia militar (en 1954, cuando el presidente Jacobo Arbenz fue derrocado), como ayudante del Estado Mayor, como asistente del Ministerio de Defensa, cajero en el Departamento de Finanzas del ejército, ayudante en la sección de contabilidad del ejército, jefe de pelotón de morteros en Quiché, comandante de la compañía de armas pesadas en Quiché, e instructor y jefe de la compañía de caballería de la academia militar. En 1958, comenzó a servir como comandante de la compañía de cadetes de la academia militar en la ciudad de Guatemala y rápidamente ascendió a mayor en 1959 y a teniente coronel en 1961. Ese mismo año, recibió tres meses de entrenamiento intensivo en operaciones contrainsurgentes y tácticas en la Escuela Especial de Guerra de Estados Unidos en Fort Bragg, Carolina del Norte. En 1962, recibió entrenamiento en el Curso de Estado Mayor General y Curso Superior de Guerra de la Escuela en Italia desde octubre 1961 a junio 1963. A su regreso, se desempeñó como S-3 (oficial de operaciones) en la Brigada Mariscal Zavala, en Ciudad de Guatemala. Además, participó en la Conferencia de Ejércitos Americanos en West Point, Nueva York en 1964. Volvió a la Brigada Mariscal Zavala, donde permaneció y fue ascendido a coronel en marzo de 1966. En marzo de 1967, fue nombrado director de la Brigada Mariscal Zavala, y fue enviado a México en abril de 1967 durante un mes. Además, en 1967, fue enviado como observador de la Fase II del Entrenamiento Aéreo de la Unidad de Fuerzas Especiales de Guatemala, en la Zona del Canal.[5]

En octubre de 1967, fue nombrado Jefe del G-3 del Estado Mayor. En mayo de 1968, fue ascendido a subjefe del Estado Mayor del Ejército y fue comandante de la Brigada Guardia de Honor en la ciudad de Guatemala. En junio de 1968, asistió a la reunión del Consejo de Defensa Centroamericana. En marzo de 1969, era comandante de la Brigada Militar Mariscal Zavala en la ciudad de Guatemala. Al final de la primavera de 1970, visitó la Escuela de las Américas del Ejército de EE. UU. en la Zona del Canal. En julio de

---

5. United States Army Service Component Command of the United States Southern Command confidential biography of General Efraín Ríos Montt, January 1972, p. 3-4.

1970, fue nombrado director de la academia militar "Escuela Politécnica". Fue ascendido a general de brigada en junio de 1972. En enero de 1973, fue nombrado Jefe del Estado Mayor del Ejército.[6]

Esta extensa narración del entrenamiento y carrera militar de Ríos Montt es importante porque demuestra que: (1) Era un oficial con bastante entrenamiento y que podía aplicarlo en todos los aspectos de la guerra dentro de las fuerzas armadas de Guatemala; (2) que tenía la experiencia práctica de la guerra como un oficial en las fuerzas armadas de Guatemala, y (3) fue promovido dentro de los rangos del ejército de Guatemala. Además, indica que ocupó puestos de poder claves dentro del ejército de Guatemala, desde la academia militar hasta la Brigada Militar Mariscal Zavala, la cual es de importancia estratégica, y también en el Ministerio de la Defensa. Todo ello le dio acceso a los principales actores, y una profundidad y amplitud de comprensión de la estructura del ejército de Guatemala, así como la posibilidad de desarrollar relaciones profundas con los oficiales más jóvenes que eran sus alumnos en la academia militar y así aumentar su cohesión vertical. Así, cuando sucedió el derrocamiento del general Lucas García, Ríos Montt estaba en una buena posición para estar al frente de la Junta.

Un documento desclasificado del ejército de Estados Unidos (Componente del Servicio de Mando del

6. United States Army Service Component Command of the United States Southern Command confidential biography of General Efraín Ríos Montt, January 1972, p.3-4.

Comando Sur, USARSO)[7] sobre la biografía confidencial del general Ríos Montt también señaló que había "visitado varias instalaciones militares en la Zona del Canal y en Estados Unidos en diferentes ocasiones". Además, la misma biografía hace una comentario "interno" en agosto de 1972: "Él es nacionalista y apoyaría una intervención militar contra las facciones izquierdistas ... el general Ríos expresa una política de línea dura para lograr los objetivos nacionales, cualesquiera que sean".[8] Este análisis de USARSO sugiere que Ríos Montt no tuvo aprensiones en el uso del poder militar y que la intervención militar no era una idea nueva para él. De hecho, en mayo de 1973 menos de un año después de este informe, Ríos Montt encabezó la masacre de Sansirisay.[9]

Ríos Montt tuvo responsabilidad de mando entre marzo de 1982 y agosto 1983

El general Ríos Montt tuvo el control *de facto* y *de jure* de la responsabilidad de mando durante su gobierno entre marzo de 1982 y agosto de 1983. Por otra parte, como jefe máximo, tenía control absoluto del gobierno

7. USARSO es the United States Army's Service Component Command of the United States Southern Command. El área geográfica en que se enfoca el Comando Sur es América Latina y el Caribe.

8. United States Army Service Component Command of the United States Southern Command confidential biography of General Efraín Ríos Montt, January 1972, p 1-2.

9. <http://www.odhag.org.gt/html/TOMO3C3.htm>.

de Guatemala y las fuerzas armadas que seguían una cadena vertical de mando, lo cual se evidenció desde el día del golpe. El 23 de marzo 1982, mientras que en Guatemala las tropas del ejército rodeaban el Palacio Nacional, el agregado militar de la Embajada de EE. UU., quien estaba fuera del palacio, informó a Washington DC (en un documento desclasificado de la "Situation Room" de la Casa Blanca) sobre las demandas de los golpistas y los líderes del golpe de Estado, de la siguiente manera:

> "A) El gobierno de Lucas deja el gobierno a las 15:00 horas o las tropas abrirán fuego contra el Palacio Nacional.
>
> B) El gobierno de Lucas será reemplazado por una junta de gobierno provisional compuesta por las siguientes personas:
>
> (1) Coronel Argueta, oficial de operaciones, S-3, de la Brigada Mariscal Zavala;
>
> (2) El general Mejía, recientemente nombrado inspector general de las fuerzas armadas;
>
> (3) General Efraín Ríos Montt que no se encuentra actualmente en servicio armado ... (Ríos Montt ha informado que aceptó una invitación para dirigir la Junta)".[10]

Por lo tanto, Ríos Montt ya estaba al frente de la Junta antes de que Lucas García saliera del Palacio Nacional. Por otra parte, se trataba de un golpe de Estado en contra de Lucas García, en el cual no estaba previsto ningún margen de negociación.

10. White House Situation Room, Declassified document 00779, Mar 23, 1982, p. 1.

Sólo un día después del golpe de Estado, un documento confidencial del Departamento de Defensa, del Estado Mayor Conjunto, de EEUU informa: "El ejército sigue teniendo el control absoluto".[11] Además, la nota señala que "Las posiciones de mando se mantuvieron esencialmente iguales que antes del golpe".[12] Del mismo modo, un documento desclasificado de la Agencia Central de Inteligencia de Estados Unidos del 27 de marzo de 1982 (tan sólo cuatro días después del golpe) señaló: "Desde la aceptación de la presidencia de la Junta, Ríos Montt se ha movido rápidamente para restablecer el principio de la jerarquía militar y está recompensando a los jefes militares de alto rango que no participaron en el golpe de Estado".[13] El mismo documento de la CIA indica una baja capacidad militar por parte de la guerrilla, ya que también declaró: "Mientras tanto, las guerrillas izquierdistas han sido lentas para tratar de sacar provecho de los cambios en las fuerzas armadas tras del golpe".[14]

El 27 de marzo, otro documento desclasificado del Estado Mayor Conjunto del Departamento de Defensa de Estados Unidos señala: "El cuerpo de oficiales 'junior' percibe al general Ríos Montt como

11. Department of Defense Joint Chiefs of Staff Message Center, Document 00780, March 24, 1982, p.1.

12. Department of Defense Joint Chiefs of Staff Message Center, Document 00780, March 24, 1982, p.2.

13. United States Central Intelligence Agency, Declassified Document 00787, "Guatemala: Officers Disgruntled", March 27, 1982, p. 1.

14. United States Central Intelligence Agency, Declassified Document 00787, "Guatemala: Officers Disgruntled", March 27, 1982, p.2.

un líder calificado".[15] Además, el documento identifica a Ríos Montt como quien tiene las riendas del poder: "a pesar de la presencia del general Maldonado y el coronel Gordillo, el poder real sigue en manos del general Ríos Montt".[16]

Dos días después, el 29 de marzo de 1982, un documento desclasificado del Situation Room de la Casa Blanca firmado por el embajador de Estados Unidos en Guatemala, Frederic Chapin, analizaba el control del general Ríos Montt a raíz del golpe de la siguiente manera: "El general Ríos Montt ha estado actuando en gran medida por sí mismo, con el apoyo de la camarilla de oficiales jóvenes que inicialmente fueron responsables del golpe de Estado ... [Ríos Montt] muestra públicamente todos los indicios de ser una persona que ama el poder. ... Aparenta ser el espectáculo de un solo hombre".[17]

Un documento desclasificado del 7 de abril 1982 del Estado Mayor Conjunto del Departamento de Defensa identifica el general Ríos Montt como la persona que toma las decisiones de la Junta, incluso antes del golpe de Estado. En su análisis de abril sobre la génesis de la composición de la junta, anota: "En cuanto a la selección del general Maldonado y el coronel Gordillo como miembros de la Junta, fue el general Ríos quien los habría seleccionado personalmente a ambos",[18] lo cual indica una relación de confianza entre Ríos Montt y Maldonado y Gordillo.

15. DOD 00788, 3-27-82, p. 3.

16. DOD 00788 3.27.82, p.2.

17. WH Situation Rm 00790 3.29.82, paragraphs 4-7.

18. DOD 00794, 4.7.82, p. 2

Un memorando del 16 de abril 1982 del Departamento de Defensa (Estado Mayor Conjunto) señala: "Ríos visitó la mayoría de los cuarteles y se dirigió a los oficiales de bajo y alto rango haciendo hincapié en la necesidad de obedecer las órdenes y el respeto a la autoridad. También declaró que no iba a tolerar la desobediencia continuada y que él personalmente se encargaría de que cualquier oficial que desobedeciera las órdenes legítimas de un superior fuera procesado como corresponde".[19] Explicando aún más la responsabilidad de mando del general Efraín Ríos Montt, el mismo memorando del Departamento de Defensa también señaló: "La cadena jerárquica de mando parece estar restableciéndose y la disciplina en las fuerzas armadas en general y entre los oficiales jóvenes, en particular, no se ha planteado como un serio problema hasta el momento".[20]

El memorándum del Departamento de Defensa también ofrece una visión de la estrategia política de Ríos Montt y el poder entre los líderes de los partidos políticos en Guatemala. La nota señala que "El general Ríos supuestamente confesó a uno de sus asesores personales que él estaba seguro de que los partidos políticos nunca serían capaces de dejar a un lado sus celos personales o ambiciones de formular una nueva ley electoral que sea agradable para todos. Por lo tanto, es él (Ríos) el indicado para formar un comité y supervisar el proyecto".[21] El memorándum del Departamento de Defensa concluye: "Por último, el general Ríos

19. DOD 00798 4-16-1982 párrafo 4.

20. DOD 00798 4-16-1982 párrafo 8

21. DOD 00798 4-16-1982 párrafo 6.

Montt supuestamente se reunió con representantes de los partidos políticos durante la primera semana de abril para ofrecerles la oportunidad de revisar la ley electoral y que él (RM) garantizaría las elecciones que se celebrarían en seis meses a partir de la fecha en que se presentaran las revisiones, en lo cual todos estuvieron de acuerdo".[22] Si la inteligencia del Departamento de Defensa en estas conversaciones y reuniones es exacta, parece ser una maniobra maquiavélica por parte del general Ríos Montt el hecho de invitar a las partes a revisar la ley electoral, teniendo en cuenta su opinión de que los partidos políticos no estarían de acuerdo. En suma, Ríos Montt tenía el control de facto. Después de la aprobación de varios decretos él se hizo del control del poder *de jure*.

Ríos Montt apoyó activamente la estrategia de graves violaciones de los derechos humanos

El 2 de junio 1982 en una entrevista con la cineasta estadounidense Pamela Yates, que estaba inquiriendo a Ríos Montt sobre las violaciones de los derechos humanos, el general dijo: "Nuestra fuerza es nuestra capacidad para tomar decisiones de mando. Eso es lo más importante. El ejército está listo y capaz para actuar porque si no puedo controlar el ejército entonces, ¿qué estoy haciendo aquí?"[23]

22. DOD – 00798 4-16-1982 párrafo 8.

23. <http://www.lapress.org/articles.asp?art=6550>, consultado el 13 de julio de 2012.

Una semana después, el 9 de junio de 1982, Ríos Montt consolidó su dominio de la Junta militar, forzando la renuncia del general Maldonado y coronel Gordillo como miembros de ella.[24]

A partir de ahí, Ríos Montt continuó consolidando su poder y demostrando su autoridad de mando. El 9 de junio de 1982, el general anunció un inminente estado de sitio que entró en vigor el 1 de julio de 1982. Este Estado de sitio incluyó "una amnistía a los facciosos", pero los puntos clave fueron la puesta en marcha de "una vasta contraofensiva" contra toda la población y "la imposición de estados de excepción en los departamentos de San Marcos, Quiché, Huehuetenango y Chimaltenango".[25]

El 18 de agosto de 1982, Ríos Montt dijo a un grupo de ocho políticos "Declaramos el estado de sitio para poder matar legalmente".[26]

Ríos Montt apoyó activamente la estrategia de genocidio

En septiembre de 1982, la corresponsal Marlise Simons de *The New York Times* informó que un alto oficial del ejército de Guatemala trató de explicar la devastación

24. <http://www.asfcanada.ca/en/blog/post/court-indicts-ex-dictator-efrain-rios-montt-on-genocide-charge/93>, consultado el 13 de julio de 2012.

25. "Facciosos se acogen a la amnistía: Ríos Montt", *La Hora*, 9 de junio de 1982, pág. 2.

26. Simons, Marlise. "Guatemalans are adding a few twists to 'pacification'", *New York Times*, September 12, 1982, Week in Review, Sec. 4, pág. 3.

de las comunidades mayas así: "Estamos en la fase de pacificación y de la supervivencia. No podemos pensar en los planes de reformas serias por lo menos otros dos años".[27] En el mismo informe Simons señaló que: "no se han llevado a cabo reformas sociales fundamentales".[28] Aún más claramente, cuando se le preguntó acerca de su "campaña de tierra arrasada", Ríos Montt respondió: "no tenemos una política de tierra arrasada, tenemos una política de comunistas arrasados".[29]

Como han señalado Patrick Ball, Paul Kobrak, y Herbert F. Spirer en su trabajo sobre la violencia del estado en Guatemala: "Lo que poco antes había sido una campaña selectiva en contra de simpatizantes de la insurgencia, se convirtió en una carnicería humana cuyo propósito era eliminar cualquier apoyo o *apoyo potencial* a los rebeldes. Fue una estrategia que Ríos Montt llamó "Quitar el agua al pez".[30] El agua era la población civil y el pez eran los guerrilleros. De esta manera, en su propio lenguaje, Ríos Montt afirmaba

---

27. Simons, Marlise. "Guatemalans are adding a few twists to 'pacification'", *New York Times*, September 12, 1982, Week in Review, Sec. 4, pág. 3.

28. Simons, Marlise. "Guatemalans are adding a few twists to 'pacification'", *New York Times*, September 12, 1982, Week in Review, Sec. 4, pág. 3.

29. Padgett, Tim, "A Strongman Returns", *Time Magazine.*, October 5, 2003. Consultada el 6 de julio de 2012, <www.time.com>.

30. Ball, Patrick; Kobrak, Paul y Herbert F. Spirer. State Violence in Guatemala, 1960-1996: A Quantitative Reflection, <http://shr.aaas.org/guatemala/ciidh/qr/spanish/cap4.html>, consultado el 12 de julio de 2012.

que iba a eliminar a la población civil. Su estrategia militar no era de extraer la guerrilla de la población civil, sino eliminar a la población civil y en el proceso también eliminar la guerrilla. Pero nunca hubo duda que iba a matar civiles.

Un informe desclasificado de finales de 1982 del Departamento de Estado informó: "El gobierno ha mejorado su control sobre las zonas rurales a través de un programa de aldeas estratégicas en el que se ordena a la población rural a trasladarse a aldeas donde el ejército tiene puestos de avanzada. Luego se aplica una política de tierra arrasada en el área circundante. Estas tácticas han estado acompañadas de las acusaciones generalizadas de que las tropas del ejército, de forma regular, son responsables de masacres, violaciones sexuales y violencia en general".[31]

Esta "política de tierra arrasada" del ejército de Guatemala se inició bajo al mando del general Romeo Lucas García. En abril de 1981, la Agencia Central de Inteligencia de Estados Unidos informó de numerosas víctimas civiles en la aldea de Cocop, en las afueras de Nebaj. El ejército de Guatemala afirmó "haber sido atacado" por una "multitud ingobernable de campesinos que les arrojaron piedras" y también dijo haber "recibido fuego de armas automáticas desde numerosas casas". La CIA informó que "las tropas respondieron al fuego y ... abrieron fuego contra campesinos. En el enfrentamiento, muchos campesinos fueron asesinados, al igual que un número de guerrilleros del EGP. La compañía aerotransportada sufrió la muerte de un soldado y varios heridos". El informe de la CIA concluía: "[Nombre tachado] comentó: Las

31. Dept of State Report Doc 17NSA, late 1982.

autoridades de Guatemala admitieron que muchos civiles fueron asesinados en Cocob [sic], muchos de los cuales, sin duda, no eran combatientes".[32]

Este ataque, la masacre de Cocop, contra la población civil no era considerado como una aberración política para el ejército de Guatemala en las áreas indígenas. En octubre de 1981, el Departamento de Estado de EE. UU. informó de una conversación entre el general Walters de EE. UU. y el presidente general Romeo Lucas García en el que "el presidente Lucas dejó claro que su gobierno continuará como antes; que la represión va a continuar. Reiteró su convicción de que la represión está funcionando ..."[33] Por otra parte, el general Walters comentó que: "Si él [Lucas García] está en lo correcto y la política de represión está teniendo éxito y resultará en el exterminio de la guerrilla, sus partidarios y sus simpatizantes, no hay necesidad de que Estados Unidos se implique en la represión ..."[34]

El número de civiles muertos en masacres durante el gobierno de Lucas García continuó en ascenso en 1981. En febrero de 1982, la CIA informó: "Los planes del Ejército de Guatemala de iniciar redadas en la zona del Triángulo Ixil, que tiene la mayor concentración de guerrilleros y simpatizantes en el país, podría conducir no sólo a grandes enfrentamientos, sino también a graves abusos de las fuerzas armadas. El jefe del Estado Mayor [Benedicto] Lucas ... reconoció que debido a que la mayoría de los indios en el área

32. CIA April 1981 (after 15th), p. 1-2.

33. US Department of State October 5, 1981. P. 1.

34. US Department of State October 5, 1981. P. 2.

dan apoyo a la guerrilla es probable que sea necesario destruir una serie de pueblos".[35] Y así, tan sencillamente, Benedicto Lucas Garcia hizo de toda la población civil ixil un blanco del ejército.

Ese mismo mes, la CIA informó: "A mediados de febrero de 1982, el Ejército de Guatemala reforzó la presencia de su fuerza en la zona central del departamento de Quiché y lanzó una operación de limpieza en el Triángulo Ixil. Los oficiales al mando de las unidades involucradas han sido instruidos para destruir todos los pueblos y aldeas que están cooperando con el Ejército Guerrillero de los Pobres (EGP) y eliminar todas las fuentes de resistencia ..."[36]

Por lo tanto, las tropas en el campo fueron instruidas específicamente para "destruir" los pueblos y las aldeas. Pero, ¿qué significa exactamente "cooperar con la guerrilla"? Es más, ¿cómo se estableció tal determinación?

Este mismo documento de la CIA ofrece la siguiente explicación:

> "Desde que comenzó la operación, varios pueblos han sido quemados a ras del suelo, y un gran número de guerrilleros y colaboradores han sido asesinados. [Nombre tachado] comentó: "Cuando una patrulla del ejército encuentra resistencia y recibe fuego desde una aldea o pueblo, se asume que todo el pueblo es hostil y es destruido posteriormente. El ejército ha encontrado que la mayoría de las aldeas han sido abandonadas antes de que las fuerzas militares lleguen, se supone entonces que un pueblo vacío ha estado apoyando al EGP, y se destruye. Hay cientos, posible-

35. DCI Watch February 1982, 1.

36. CIA Feb 1982, aft mid-Feb, p. 1.

> mente miles, de refugiados en los cerros sin casas para volver ... "[37]

Los aldeanos ixiles se vieron atrapados en un callejón sin salida. El Ejército había creado una situación en la que independientemente de lo que hicieran el resultado sería algo no deseado por ellos: los que se quedaban en el pueblo corrían el riesgo de ser torturados, violadas las mujeres y asesinados debido a la creencia del ejército de que todos los ixiles estaban a favor del EGP; y si huían para evitar el ejército, su pueblo era quemado totalmente y luego los sobrevivientes perseguidos y cazados en las montañas. La CIA informó que: "el alto mando del ejército está muy contento con los resultados iniciales de la operación limpieza, y cree que será exitoso en la destrucción de la zona de apoyo del EGP..."[38]

Ante el recurso cada vez más presente del EGP como una justificación para el asesinato de civiles, uno de los comentarios más reveladores de la CIA, en este mismo documento es el siguiente: "... El ejército todavía no ha encontrado una fuerza guerrillera importante en el área. Sus éxitos hasta la fecha parecen estar limitados a la destrucción de varias aldeas controladas por el EGP y el asesinato de indios colaboradores y simpatizantes. [Nombre tachado] comentó: La creencia bien documentada por el ejército de que toda la población indígena ixil está a favor del EGP ha creado una situación en la que se puede esperar que

37. CIA Feb 1982, (aft mid-Feb), p. 2.

38. CIA Feb 1982, (aft mid-Feb), p. 2.

el ejército no dará clemencia o merced a combatientes y no combatientes por igual".[39]

Aunque la CIA no identifica al oficial de alto rango que ha dado esta información, es muy probable que fuera el general Benedicto Lucas García, dando un informe de seguimiento después de su reunión con la CIA a principios de ese mismo mes.[40] En suma, este documento desclasificado de la CIA indica que el alto mando del ejército guatemalteco (los generales Romeo Lucas García, Benedicto Lucas García, López Fuentes, y otros) y la CIA (y por lo tanto el gobierno de EE. UU.) sabían, en el momento en que estaba ocurriendo, que el ejército guatemalteco estaba violando los derechos humanos internacionalmente reconocidos, incluyendo la Convención de Ginebra y la Convención para la Prevención y la Sanción del Delito de Genocidio. En concreto, se sabía, en el momento en que ocurría, que el ejército guatemalteco estaba llevando a cabo una destrucción planificada de la zona Ixil a través de masacres de hombres, mujeres, niños y ancianos ixiles, así como la quema de cosechas y aldeas, el desplazamiento forzado de sobrevivientes civiles de las masacres, seguido por la persecución de estos civiles en las montañas. Estas mismas prácticas del régimen de Lucas García se intensificaron y aceleraron bajo el régimen del general Ríos Montt, y continuaron durante el gobierno del general Mejía Víctores.

De igual manera que el general Lucas García hablaba de su "política de represión funcionando", el general Ríos Montt usaba un lenguaje genocida cuando afirmaba que "no estoy arrasando tierra, estoy arrasando

39. CIA Feb 1982, (aft mid-Feb), p. 3.

40. DCI Watch, Feb 1982, p. 1.

comunistas" porque según hemos aprendido en las investigaciones sobre la génesis del genocidio que uno de los primeros pasos hacia el genocidio es la deshumanización del enemigo o presunto enemigo.[41] Con la historia tan feroz del anticomunismo durante la Guerra Fría en Guatemala, llamar alguien comunista o subversivo era deshumanizarlo y abrir el camino para, y justificar, el genocidio.

De tal manera, cuando los generales hicieron fusionó a ixiles y guerrilleros, convirtió a los ixiles (y luego los "indios" o sea la población indígena) en sospechosos y enemigos. Entonces, cuando el general Ríos Montt hablaba de "derrotarlos antes de diciembre",[42] estaba hablando de derrotar a la población indígena.

---

41. Ver Hinton, Alexander. 2005. *Why did they kill?: Cambodia in the shadow of genocide*. Berkeley: University of California Press; Gourevitch, Philip. 1998. *We wish to inform you that tomorrow we will be killed with our families: stories from Rwanda*. New York: Farrar, Straus, and Giroux; Wagner, Sarah E. 2008. *To know where he lies: DNA technology and the search for Srebrenica's missing*. Berkeley: University of California Press; Goldhagen, Daniel Jonah. 1996. *Hitler's willing executioners: ordinary Germans and the Holocaust*. New York: Knopf; Goldhagen, Daniel Jonah. 2009. *Worse than war: genocide, eliminationism, and the ongoing assault on humanity*. New York: PublicAffairs; Goldhagen, Daniel Jonah, Mike DeWitt, and Daniel Jonah Goldhagen. 2010. *Worse than war genocide, eliminationism, and the ongoing assault on humanity*. [Alexandria, Va.]: PBS Distribution; Balakian, Peter. 2003. *The burning Tigris: the Armenian genocide and America's response*. New York: HarperCollins; Kiernan, Ben. 2007. *Blood and soil: a world history of genocide and extermination from Sparta to Darfur*. New Haven: Yale University Press.

42. Simons, Marlise. "Massacres spread terror in the land of the Maya", *New York Times*, September 15, 1982, p. 2. <http://

Por esto, como informó el *New York Times* en septiembre de 1982, aunque el número de víctimas bajó de 400 a 200 en el mes después del golpe de Ríos Montt, el número de víctimas rápidamente se incrementó nuevamente y aún más que bajo Lucas García. De tal suerte que en junio el número de muertos llegó a 532 según los informes de la prensa. Con el silenciamiento de la prensa después de que el general Ríos Montt declaró estado de sitio en julio de 1982, el mismo ejército informó que hubo 452 muertos en julio de 1982 (más del doble de los 200 muertos bajo Lucas García en febrero de 1982). Y, como notó Marlise Simons en su reportaje, tanto el ejército como la prensa: "tradicionalmente ofrecen estimaciones conservadoras".[43]

Caso Ilustrativo de responsabilidad de mando. Experiencia del periodista Jon Lee Anderson en 1982

A principios del otoño de 1982, el periodista estadounidense Jon Lee Anderson[44] fue a Guatemala en

www.nytimes.com/1982/09/15/world/massacres-spread-terror-in-the-land-of-maya.html>, consultado el 12 de julio de 2012.

43. Simons, Marlise. "Massacres spread terror in the land of the Maya", *New York Times*, September 15, 1982, p. 2. <http://www.nytimes.com/1982/09/15/world/massacres-spread-terror-in-the-land-of-maya.html>, consultada el 12 de julio de 2012.

44. Jon Lee Anderson es reportero internacional y miembro del equipo de escritores de *New Yorker Magazine*. Ver: <http://

nombre del programa televisivo de noticias de Jack Anderson.[45] En ese momento, Jon Lee Anderson tenía 25 años y ninguna experiencia previa en reportajes en una zona de guerra. Una productora de Jack Anderson le proporcionó los contactos, incluyendo propietarios de plantaciones de café y de norteamericanos que vivían en Guatemala. Un contacto clave fue el norteamericano Mitchell Livingston Werbell III[46] que arregló fácilmente una entrevista de Jon Lee Anderson con el general Efraín Ríos Montt. En esa reunión, Jon Lee Anderson le explicó que deseaba viajar por Guatemala, a lo que el Ríos Montt le respondió que era libre de viajar por todo el país y ver por sí mismo que "no había más cadáveres en la calle". A fin de facilitar sus viajes, Ríos Montt dio a Jon Lee Anderson un salvoconducto con su firma y sello. Basándose en la experiencia de Jon Lee Anderson viajando en las zonas de guerra en Guatemala, se concluye que este salvoconducto es una pieza importante de evidencia que indica el poder de Montt a la cabeza de la estructura de mando vertical del ejército de Guatemala, las patrullas civiles y escuadrones de la muerte. Por lo tanto, tal entrevista con Jon Lee Anderson es tanto la de un testigo de la violencia, como un testimonio

---

www.newyorker.com/magazine/bios/jon_lee_anderson/search?contributorName=jon%20lee%20anderson>.

45. Sin relación familiar con Jon Lee Anderson.

46. Werbell fue oficial de servicios estratégicos (OSS – la agencia de inteligencia de Estados Unidos que precedió ala CIA), operativo, entrenador de paramilitares, ingeniero y traficante de armas de fuego. Ver <http://en.wikipedia.org/wiki/Mitchell_WerBell_III>.

del poder de la responsabilidad de mando del general Ríos Montt.

Cuando Jon Lee Anderson salió de la ciudad de Guatemala y se encontró en la carretera a Chimaltenango, Quiché, el área ixil y Huehuetenango, vio las banderas de Guatemala ondeando en los campos de cultivo y las aldeas quemadas por el ejército, junto con los restos carbonizados de las aldeas que habían sido destruidas. En la primera aldea incendiada, detuvo su automóvil y caminó junto a otros periodistas internacionales, que también carecían de experiencia en zonas de guerra. Él recuerda: "Al entrar en la aldea, vimos ropa ensangrentada de mujeres y juguetes de los niños quemados tirados en el suelo. Me sentí horrorizado al ver las aldeas vacías de gente".[47]

Entre Chimaltenango y Huehuetenango, Jon Lee Anderson y sus colegas fueron detenidos en los retenes de las patrullas de autodefensa civil y del ejército unas 20 veces. Él recuerda: "Cada vez que llegábamos a un puente, había como 30-40 personas. Había grupos de indígenas aterrorizados. Estas fueron las mismas personas forzadas a ser parte de las patrullas [PAC]. El nuestro era el único automóvil [civil] en la carretera". En cada puesto de control, Jon Lee Anderson presentaba el salvoconducto del general Efraín Ríos Montt. Muchas veces, los miembros del PAC, muchos de los cuales eran obviamente analfabetos, tomaban el documento al revés, pasándolo de un patrullero al siguiente. Algunos de los miembros de las PAC llevaban rifles, la mayoría de ellos llevaban machetes y garrotes (tubos con ligas de estrangulamiento).

---

47. Entrevista telefónica con Jon Lee Anderson, junio 22, 2012.

El Sr. Anderson viajó a San Martín Jilotepeque, en Chimaltenango, a unos 90 minutos fuera de la ciudad de Guatemala. Ahí él no tenía ningún contacto, ningún guía local. Sin embargo, fue capaz de viajar a través de los múltiples puestos de control del ejército y las PAC porque presentó el salvoconducto. Él recuerda: "Vi cientos y cientos de indios del altiplano de Guatemala siendo arreados en una zona de colinas con árboles. Soldados armados estaban vigilando a la gente y había guardias apuntando en todos los puntos de salida. Nadie me hablaba, no había manera de que lo hicieran. El ejército tenía armas de fuego por todas partes. Comprendí que el ejército no estaba 'salvando a la gente del terror'".

El Sr. Anderson estuvo primero en la plaza pública de San Martín Jilotepeque, y luego viajó a las colinas, donde las personas estaban siendo empujadas hacia los valles. Se estima que hubo varios miles de personas deambulando. Él lo describe "como un silencio extraño. Todo el mundo estaba siendo conducido. Había militares en cada salida vigilándolos. Las personas estaban demasiado aterrorizadas como para poder hablar".

El Sr. Anderson también recuerda a un grupo de cuatro soldados con armas que llevaban a dos hombres amarrados entre sí con sogas en el cuello y las manos atadas a la espalda. Los hombres estaban ensangrentados y amoratados. Mientras los soldados los compelían a caminar, sonreían con satisfacción. Él recuerda: "Eran hombres muertos caminando. Esas eran las cuerdas para ahorcarlos, fueron golpeados y empujados por delante. Apenas podían caminar. Sus cuerpos estaban indefensos".

Anderson recuerda que estos hombres fueron llevados a una casa junto a la plaza de San Martín

Jilotepeque que fue requisada por los militares. Él comenzó a seguirlos. "Había algunos militares sentados y parados alrededor de la casa. Algo me hizo detenerme. Pude ver que estaban llenos de sed de sangre, tenían la energía de la matanza. Yo no lo sabía o conocía entonces, pero después de estar en muchas zonas de guerra, lo reconozco ahora. Sin embargo, les pregunté, '¿Qué están haciendo?' Uno de los soldados me miró y pasó el dedo por el cuello [como cortando el cuello, indicando que los matarían]".

Jon Lee Anderson viajó a aldeas que habían sido masacradas y a otras que estaban siendo masacradas. Recuerda una aldea que tenía el nombre de Las Flores y que estaba a cargo de un comandante "pomposo", capitán o mayor del ejército. Este comandante aceptó el salvoconducto del general Ríos Montt y accedió a hablar con el Sr. Anderson sobre "la detención de los terroristas y la protección de las personas". El Sr. Anderson recuerda que los indígenas estaban obviamente aterrorizados por este comandante. En un momento, el comandante llamó a un hombre indígena, cojo, en ropa de civil que carecía de cualquier expresión y estaba completamente subordinado al comandante. El comandante le ordenó traer una vaca, que es de suponer pertenecía a este pobre hombre. El hombre se alejó cojeando, y luego regresó con una vaca. El comandante sacó su pistola sin ningún miramiento, y sin previo aviso, disparó a la vaca en la cabeza delante de todos.

Anderson recuerda que el hombre cojo no se inmutó cuando el arma se disparó y la vaca cayó muerta. Además, recuerda preguntándose a sí mismo, "¿quién pagará por la vaca?". Pero se sentía demasiado temeroso para preguntar al comandante. Hoy, con la experiencia de unos 30 años trabajando como periodista en zonas de guerra, el Anderson reconoce la falta de reacción del hombre indígena como un indicio de trauma de guerra.

De la experiencia con este jefe, recuerda: "Todos estábamos muy asustados. Nos sorprendió. Fue un acto tan violento. Intuitivamente sabíamos que la gente estaba bajo coacción. El comandante fue tan violento y disfrutaba de la intimidación que provocaba. A nosotros nos asustó totalmente. La mirada de la gente era de terror absoluto, eran esclavos de este tipo. Era fanfarrón y amenazante. Nos regañó y dijo que era muy peligroso viajar más lejos. Me dijo: "Dios lo guarde, no vaya hacia el norte".

Anderson y sus colegas continuaron hacia el norte. "Estamos sobrepasando los límites", dice. Y a todo lo largo del camino, cada vez que presentaban el salvoconducto de Ríos Montt al ejército o las PAC, estos les permitían a él y sus colegas continuar.

Anderson y sus colegas habían escuchado de la existencia de refugiados que habían huido hacia la frontera con México y también que la guerrilla tenía una base allí. Decidieron cruzar la frontera. Tenían un automóvil rentado en Guatemala, por lo que pagaron mordidas a los guardias fronterizos mexicanos para que los dejaran entrar. Cuando llegaron a los campamentos de refugiados, había cientos y cientos de familias guatemaltecas. Contaban historias sobre haber sido ametrallados y tener que escapar. Anderson dice: "me recordó que el comandante había insistido de que los terroristas se escondían en México. Estábamos preocupados por incursiones del ejército de Guatemala a México, por lo que decidimos regresar a Guatemala, llegamos a la frontera al atardecer".

Ellos decidieron ir en carro por la noche porque se sentían muy inseguros en la frontera. En la oscuridad de la noche, a mitad de camino por una carretera en la montaña cerca de un barranco, el Sr. Anderson y sus colegas fueron detenidos por un Jeep Cherokee con vidrios polarizados, estacionado en medio del camino. Dos hombres blancos y fornidos apuntaban sus armas de alto poder en contra del señor Anderson y sus colegas. "No eran soldados y no eran indios", recuerda Anderson. "Recuerdo haber pensado, que nos iban a asesinar. Un hombre mantuvo su arma apuntando hacia nosotros, mientras el otro se acercó a la ventana. Le di el salvoconducto. Este salvoconducto funcionó en todos los niveles desde el presidente para abajo. Ellos nos dejaron salir".

Anderson concluyó la entrevista con esta observación: "Era un enorme aparato de terror. Estuve negociando con él. En todos los niveles, tuve que negociar. Estuve en contacto con él aparato de terror y sus representantes". Al final de la entrevista, Anderson recordó un signo de graffiti grande con letras de casi dos metros de altura en una pared exterior del cuartel de Sacapulas, en otro viaje en 1985, que decía: "EN LA GUERRA HAY GANADORES Y PERDEDORES. SOLO LOS GANADORES MERECEN VIVIR". En 1985, tres años después del momento álgido del genocidio, Anderson encontró que la población local de Sacapulas estaba "aterrorizada. El pueblo estaba lleno de militares prepotentes que hablaban sobre el cáncer del comunismo".[48]

48. Entrevista a Jon Lee Anderson, junio 22, 2012.

Ríos Montt sabía de los crímenes cometidos por sus subordinados

En declaraciones el 18 de agosto de 1982, con el grupo de políticos de Guatemala acerca del estado de sitio, el general Efraín Ríos Montt reconoció que "Muchas personas están siendo asesinadas".[49] En septiembre de 1982, el *New York Times* informó: "En los últimos dos meses, las tácticas del ejército parecen haber cambiado. ... Existe una fuerte evidencia de que el ejército y las patrullas de defensa civil bajo sus órdenes son responsables de las torturas, quema, puñaladas y disparos en contra de familias enteras en una campaña de terror ..." Oficiales superiores del ejército afirmaron al *New York Times* que "las acciones actuales incluyen la acción cívica, así como el uso de informantes e interrogatorios".[50]

A fines de 1982, un poco antes de la masacre cometida por el ejército guatemalteco en Dos Erres en diciembre, dos sacerdotes Maryknoll, ambos ciudadanos de EE. UU., David La Buda y Charlie Texeira fueron ilegalmente detenidos y amenazados por soldados del ejército de Guatemala en un retén del ejército en Petén, cerca de la frontera con México. A pesar de que se identificaron como sacerdotes, el comandante

49. Simons, Marlise. "Guatemalans are adding a few twists to 'pacification'", *New York Times*, September 12, 1982, Week in Review, Sec. 4, pág. 3.

50. Simons, Marlise. "Massacres spread terror in the land of the Maya", *New York Times*, September 15, 1982, p. 2. <http://www.nytimes.com/1982/09/15/world/massacres-spread-terror-in-the-land-of-maya.html>, consultado el 12 de julio de 2012.

les acusó de traficar armas para la guerrilla y los llevó a una improvisada cárcel clandestina del ejército, en la que los sacerdotes vieron a dos hombres tendidos en el suelo con las manos atadas a la espalda y con quemaduras de cigarrillos en todo el cuerpo. El comandante les dijo que esos dos hombres eran los traficantes de armas. Los padres La Buda y Texeira creyeron que iban a ser torturados y asesinados por el ejército. Aunque los soldados los amenazaron persistentemente, tanto, el comandante del puesto de avanzada hizo varios intentos para ponerse en contacto por radio con su superior (el comandante de los kaibiles en Huehuetenango) para recibir órdenes. Les dijo a los sacerdotes que su comandante le diría qué hacer con ellos, dejarlos o matarlos. Después de varios intentos para comunicarse sin éxito con el comandante en Huehuetenango, el comandante del puesto de avanzada dejó salir a los sacerdotes.[51] Este incidente pone de manifiesto los métodos militares de interrogación. También revela evidencia de una estructura de cadena de mando funcionando durante el periodo en que el general Ríos Montt era jefe máximo de las fuerzas armadas. El comandante del puesto de avanzada solicitó, y esperaba, una orden de su comandante en Huehuetenango para llevar a cabo las acciones previstas de interrogatorio, tortura y/o asesinato de los sacerdotes. En ausencia de una respuesta y la orden correspondiente de su comandante de la base, los soltó. Esta acción indica que el uso de la violencia se llevó a cabo como resultado de órdenes que fueron

51. Entrevista con los sacerdotes Bill Mullan (29 de junio de 2012) y Dave La Buda (5 de julio de 2012).

transmitidas a través de una estructura de mando vertical.

En febrero de 1983, el Embajador de EE. UU. Frederic Chapin afirmó que muchas personas todavía estaban siendo asesinadas. En un memorando de la CIA (desclasificado y en gran medida tachado) con un último comentario del embajador, explica la escalada de violencia del régimen de Ríos Montt de la siguiente manera:

> "3. [Frase tachada] que después de finales de octubre de 1982 la reunión [nombre tachado] informó a los oficiales AGSAEMP[52] que eran libres para detener, retener, interrogar, y disponer de los presuntos guerrilleros como mejor les pareciera. [Nombre tachado] comentario: Aunque no hay información específica disponible para vincular al AGSAEMP a todas las actividades extralegales, ha habido un sospechoso aumento constante de violencia de la derecha durante los últimos meses. Los secuestros, en especial de estudiantes y educadores, han aumentado en número y vuelven a aparecer cadáveres en las cunetas y en los barrancos, que muestran los mismo signos de las ejecuciones realizadas por los escuadrones de la muerte de la derecha similares a las del régimen anterior. 4.

52. AGSAEMP (Archivos Generales y Servicios de Apoyo a la Presidencia de la República del Estado Mayor Presidencial) "uno de los más prominentes servicios de información e inteligencia de Guatemala y el punto de contacto con las bandas de delincuentes comunes y grupos clandestinos de seguridad", según Amnistía Internacional (AI), ver AI, Guatemala: ¿Servicios de Inteligencia responsables, o represión reciclada? Disolución del Estado Mayor Presidencial y reformas de los servicios de inteligencia. 10 junio del 2003, AI Index AMR 34/031/2003. P. 1.

> (Comentario de embajador: estoy firmemente convencido de que la violencia descrita en el párrafo tercero es violencia que el Gobierno de Guatemala ordenó y dirigió y no "la violencia de derecha", y que no se trataba de "ejecuciones de los escuadrones de la muerte de la derecha", sino que, de nuevo, son ejecuciones ordenadas por los oficiales de las fuerzas armadas cercanas al presidente Ríos Montt.)"[53]

No hay duda de que las matanzas y otros crímenes contra la humanidad fueron llevados a la atención del general Ríos Montt. De hecho, su defensa de la tierra arrasada fue una respuesta a una pregunta acerca de las masacres. Por otra parte, no hay duda de que el general siguió muy de cerca los debates en el Congreso de Estados Unidos sobre los nuevos fondos militares para el ejército de Guatemala. En mayo de 1983, la revista *Newsweek* informó que el congresista Clarence Long, quien dirigió el Subcomité de Asignaciones de Asuntos Exteriores de la Cámara de Representantes "puso sobre aviso el Departamento de Estado de que no va a apoyar la ayuda militar a Guatemala. Después de describir la letanía de abusos contra los indios de Guatemala por las fuerzas gubernamentales, en la audiencia Long pidió el subsecretario William Schneider, Jr.: "¿Qué diablos estamos haciendo, dando ayuda militar a un país responsable de estas monstruosidades? No sé de nada en Guatemala que justifique invertir el dinero en continuar con el asesinato y la

53. CIA February 1983, paragraphs 3-4.

tortura, la quema de aldeas de indios pobres y patéticos".[54]

Consistentemente, la respuesta del alto mando del Ejército de Guatemala y sus altos oficiales en el campo era que la guerrilla era la culpable de la violencia y que las víctimas de las masacres del ejército eran guerrilleros o simpatizantes de la guerrilla. En septiembre de 1982, la corresponsal del *NYT* Marlise Simons informó que "El ejército insiste en que todas las matanzas las realiza la guerrilla y, dado las ejecuciones de indios antes del amanecer son realizadas por hombres vestidos de civil, a veces es difícil probar la responsabilidad oficial".[55]

Poco después del estado de sitio que comenzó el 18 de julio de 1982, el corresponsal del *New York Times*, Raymond Bonner, informó: "Un oficial del ejército en Cunén (Quiché), dijo que el mensaje del gobierno a los indios y campesinos era simple: 'Si usted está con nosotros, les daremos de comer, si no, lo vamos a matar'".[56]

Mientras que el ejército argumentaba que eran hombres vestidos de civil los responsables de las masacres, la corresponsal del *New York Times*, Marlise Simons, también informó en septiembre de 1982: "En el área estratégica con la frontera de México, el ejército ha tratado de crear una "zona de fuego libre" y los

54. Hoagland, John. "A Policy Comes Under Fire", *Newsweek*, 2/5/1983, p. 39.

55. Simons, Marlise. "Guatemalans are adding a few twists to 'pacification'", *New York Times*, 12/9/1982, Week in Review, Sec. 4, pág. 3.

56. Bonner, Raymond. "Guatemala enlists Religion in Battle", *New York Times*, 18/7/1982, Sec. 1, Pág. 3.

refugiados en el estado sureño mexicano de Chiapas afirman que sus pueblos han sido atacados y quemados por soldados uniformados que llegaron en helicópteros".[57]

La falta de castigo y prevención de las graves violaciones de los derechos humanos, las masacres y el genocidio

Como líder de la Junta y luego como presidente de facto de Guatemala, el general Efraín Ríos Montt demostró tener un control efectivo sobre sus subordinados en el ejército guatemalteco. Durante el periodo en que fue jefe máximo de las fuerzas armadas de Guatemala, hay evidencia de la existencia de una estructura de cadena de mando funcional dentro de ellas, la cual estaba siendo utilizada para transmitir órdenes verticalmente, que resultaron en las acciones de la tortura, asesinato de civiles y masacres de aldeas. Efraín Ríos Montt no cumplió con su deber de adoptar medidas razonables y necesarias para prevenir o castigar los abusos de los derechos humanos y el genocidio. En su posición oficial durante ese periodo, tenía la opción de castigar, prevenir o parar las violaciones de los derechos humanos y el genocidio a través de directivas militares y órdenes directas –de las cuales, no hay ninguna evidencia. Justo después del golpe de Estado, el embajador de EE. UU. en Guatemala habló

57. Simons, Marlise. "Guatemalans are adding a few twists to 'pacification'", *New York Times*, 12/9/1982, Week in Review, Sec. 4, pág. 3.

con Ríos Montt sobre la necesidad de procesar a los oficiales militares del régimen anterior. Un memorando desclasificado del embajador Frederic Chapin de la embajada estadounidense en Guatemala dirigido al Secretario de Estado, de la Sala de Situación de la Casa Blanca informó de la conversación del embajador de los EE. UU. con Ríos Montt para hacer frente al "retorno a los procedimientos constitucionales" y sobre el hecho de que las únicas personas del régimen anterior detenidas eran funcionarios civiles y que ninguno de los oficiales del ejército había sido detenido. Según el memorándum del embajador Chapin, Ríos Montt respondió que "La primera cuestión era restablecer el orden dentro de la institución de las fuerzas armadas. ... Con el correr del tiempo se tomarán medidas adecuadas y se procesará a los oficiales militares culpables de crímenes".[58]

A pesar de que esta conversación entre el embajador de EE. UU., Frederic Chapin, y el general Efraín Ríos Montt, parece haber estado más centrada en los delitos de corrupción del régimen anterior, el general Ríos Montt reconoció su responsabilidad y autoridad para castigar a los militares culpables de crímenes. Sin embargo, durante su régimen, el general Efraín Ríos Montt no procesó a ninguno de los oficiales militares por los delitos cometidos, ni por violaciones de los derechos humanos, ni por las matanzas, genocidio, secuestros, torturas, violaciones, o las ejecuciones extrajudiciales. El general Ríos Montt tampoco tomó medidas para castigar a los oficiales del ejército por la corrupción.

58. White House Situation Room Document 00795, 4/4/1982, p. 3.

Lo que Ríos Montt podría haber hecho para prohibir, prevenir y/o sancionar la violaciones de derechos humanos

El general Efraín Ríos Montt tenía el poder para identificar y tomar medidas que prohibieran, previnieran y/o sancionaran las violaciones a los derechos humanos. Entre las distintas acciones para ello, tenía el poder para: identificar a los subordinados que cometieron abusos; identificar a los oficiales que estaban al mando de subordinados que cometieron los abusos; identificar y citar a los testigos; entrevistar a los subordinados que cometieron los abusos; revisar los libros de registro y registros de las misiones militares para determinar qué oficiales y tropas fueron colocados en los lugares de los abusos; reemplazar de posiciones de mando, y del ejército, a los responsables de los abusos; poner a los violadores de los derechos humanos a disposición del sistema de justicia civil para ser procesados. Pudo haber escuchado a las organizaciones internacionales y nacionales de derechos humanos e investigado los abusos reportados en sus informes. Pudo haber denunciado públicamente las violaciones de los derechos humanos. Efraín Ríos Montt, al igual que el general Lucas García, antes que él y el general Mejía Víctores después, no cumplió con su responsabilidad para prohibir, prevenir y castigar los abusos de los derechos humanos y el genocidio. No hizo esfuerzo alguno para usar el poder de que disponía para asegurarse de que el ejército guatemalteco y sus agentes cumplieran con el derecho internacional de los derechos humanos. No hay evidencia de audiencias militares, tribunales o encarcelamientos militares para oficiales y/o soldados por haber cometido abusos de los derechos humanos.

Luz verde al genocidio

Al no castigar o prevenir violaciones de los derechos humanos, en la supervisión de las fuerzas armadas de Guatemala durante el tiempo en que la cadena de mando fue utilizada para transmitir órdenes de tortura, asesinato, masacres y otras violaciones de los derechos humanos, y el hecho de que él no usó los mecanismos como tribunales y procedimientos militares para sancionar oficiales y soldados por violaciones de derechos humanos, el general Ríos Montt proporcionó a los oficiales del ejército guatemalteco y a las tropas una estructura organizada y apoyo armado para ejecutar la doctrina de seguridad nacional que resultó en el genocidio. La CEH documenta "626 masacres cometidas por las fuerzas del Estado, principalmente el Ejército, apoyado en muchos casos por estructuras paramilitares tales como las PAC y los comisionados militares".[59] Mas aun, la CEH indica que los 18 meses entre junio de 1981 a diciembre de 1982 "concentraron el 64% de todas las masacres documentadas por la CEH, así como el 76% de las ejecuciones arbitrarias perpetradas durante las masacres. Fueron los meses

59. CEH, 1999. *Memoria del silencio.* Capítulo 2, Vol. 3, párrafo 715. <http://shr.aaas.org/guatemala/ceh/mds/spanish/cap2/vol3/masacres.html>, consultado el 12 de julio de 2012.

más teñidos de muerte, destrucción y dolor en la historia contemporánea del país".[60]

En la base de datos que desarrollé para poder comparar las cifras de las masacres bajo las regímenes de los generales Lucas García y Ríos Montt, encontré que no importaba si subía o bajaba en la cantidad de masacres, ya que las masacres fueron tan masivas que el total de víctimas en Chimaltenango, Quiché, Baja Verapaz y Alta Verapaz fue más alto en todos los meses de la dictadura del general Ríos Montt, que bajo el régimen del general Lucas García. Por ejemplo, en el departamento de Quiché, hubo 2,495 víctimas de 97 masacres entre marzo de 1981 y marzo de 1982 bajo el régimen del general Lucas García. Después del golpe del general Ríos Montt el 23 de marzo de 1982, hubo 85 masacres que cobraron la vida de 3,180 víctimas en los siguientes 12 meses. Se puede argumentar que aunque "bajó" la cantidad de masacres a 85 en Quiché, en el mismo departamento el total de víctimas se incrementó en un 27.45%. Además, este aumento en el número de víctimas equivale a un incremento del 45.45% en el promedio de víctimas cada masacre. A las 3,180 víctimas de masacres del general Ríos Montt en Quiché, hay que agregar que durante sus primeros 12 meses de gobierno hubo las siguientes víctimas de masacres en otros departamentos: en Chimaltenango, 710; en Alta Verapaz, 1,033; y solo en el municipio de Rabinal en Baja Verapaz, más de 500. Es decir: sin contar la víctimas de otras masacres en otras partes del país y sin contar las víctimas de

---

60. CEH, 1999. *Memoria del silencio.* Capítulo 2, Vol. 3, párrafo 703. <http://shr.aaas.org/guatemala/ceh/mds/spanish/cap2/vol3/masacres.html>, consultado el 12 de julio de 2012.

desaparición o ejecución extrajudicial, podemos atribuir al general Efraín Ríos Montt, solo en los primeros 12 meses de su dictadura, la responsabilidad de haber masacrado a 5,423 achíes, kekchíes, cakchiqueles y quichés. Durante ese periodo, el general Efraín Ríos Montt tuvo responsabilidad de mando; tenía control *de jure* y *de facto* del gobierno y las fuerzas armadas. Como he mostrado, él sabía de la existencia de esas masacres y no las prohibió, no las previno, ni las castigó.

Como la persona en el país con la máxima responsabilidad de mando en las fuerzas armadas, tanto como autor intelectual, pero también si solo fuera por no actuar en prohibir, prevenir y castigar, como jefe del estado, el general Efraín Ríos Montt dio luz verde a las masacres y al genocidio.

Bibliografía

Arendt, Hannah. 2006. *Eichmann in Jerusalem: A Report on the Banality of Evil*. New York: Penguin Group US.

Boesten, Jelke. 2014. *Sexual Violence during War and Peace: Gender, Power, and Post-Conflict Justice in Peru*. New York: Palgrave Macmillan.

Burt, Jo-Marie. 2013. "Historic Genocide Trial Nears End; Ríos Montt Addresses the Court, Declares Innocence". International Justice Monitor, A Project of the Open Society Justice Initiative, May 10. <http://www.ijmonitor.org/2013/05/historic-genocide-trial-nears-end-rios-montt-addresses-the-court-declares-innocence/>.

CEH. 1999. *Guatemala: memoria del silencio*, Informe de la Comisión para el Esclarecimiento Histórico. Guatemala: CEH.

Dada, Carlos. 2014. "Guatemala se enjuicia". *El Faro*. Consultado el 13 de diciembre. <http://www.elfaro.net/es/201304/noticias/11755/?st->.

Dill, Kathleen. 2004. *Mediated Pasts, Negotiated Futures: Human Rights and Social Reconstruction in a Maya Community.* PhD Dissertation. University of California, Davis.

Enlöe, Cynthia H. 2000. *Maneuvers: The International Politics of Militarizing Women's Lives.* Berkeley: University of California Press.

Ertürk, Yakin. 2009. "15 Years of The United Nations Special Rapporteur on Violence Against Women, Its Causes and Consequences, (1994-2009) – A Critical Review". Vol. 13456.

Feitlowitz, Marguerite. 1999. *A Lexicon of Terror: Argentina and the Legacies of Torture.* New York: Oxford University Press.

Franco, Jean 2007. "Rape: A Weapon of War". *Social Text* 25 (2): 23–37.

Johnston, Barbara Rose. 2010. "Chixoy Dam Legacies: The Struggle to Secure Reparation and the Right to Remedy in Guatemala". *Water Alternatives* 3 (2): 341–61.

Leiby, Michele L. 2009. "Wartime Sexual Violence in Guatemala and Peru". *International Studies Quarterly* 53 (2): 445–68.

Meyer, Mary K. 2003. "Ulster's Red Hand: Gender, Identity, and Sectarian Conflict in Northern Ireland". En *Women, States and Nationalism: At Home in the Nation?*, editado por Sita Ranchod-Nilsson y Mary Ann Tetreault. New York: Routledge.

REMHI. 1998. *Guatemala: nunca más, Informe de recuperación de la memoria histórica.* Guatemala: ODHAG, Oficina de derechos humanos del Arzobispado de Guatemala.

Sanford, Victoria. 2003. *Buried Secrets: Truth and Human Rights in Guatemala.* New York: Palgrave Macmillan.

———. 2014. "Command Responsibility and the Guatemalan Genocide: Genocide as a Military Plan of the Guatemalan Army under the Dictatorships of Generals

Lucas Garcia, Ríos Montt and Mejia Victores". *Genocide Studies International* 8 (1): 86–101.

Sen, Gita y Caren Grown. 1987. *Development Crises and Alternative Visions: Third World Women's Perspectives*. New York: Monthly Review Press.

Turshen, Meredeth. 2001. "The Political Economy of Rape: An Analysis of Systematic Rape and Sexual Abuse of Women during Armed Conflict in Africa". En *Victors, Perpetrators or Actors: Gender, Armed Conflict and Political Violence*, editado por Caroline O. N. Moser y Fiona C. Clark. London: Zed Books.

Guatemala: violencia sexual y genocidio, de Victoria Sanford, Kathleen Dill y Sofía Duyos, se terminó de imprimir en el mes de agosto de 2020, año del bicentenario del Levantamiento K'iche' de Totonicapán (julio-agosto de 1820). F&G Editores, 31 avenida "C" 5-54 zona 7, Colonia Centro América, 01007. Guatemala, Guatemala, C. A. Teléfono: (502) 2292 3792, informacion@fygeditores.com — www.fygeditores.com

www.ingramcontent.com/pod-product-compliance
Ingram Content Group UK Ltd.
Pitfield, Milton Keynes, MK11 3LW, UK
UKHW041957190726
13854UKWH00005B/2020

9 789929 700680